Change & Transform

想改變世界·先改變自己

Change & Transform

想改變世界・先改變自己

李玆
文化

跟任何人都可以聊得來 2

從害羞變聊天王的退羞大全

Goodbye to Shy

85 Shybusters That Work!

自信有了、眼神敢交流；
心跳會變慢，心情會變嗨！

80%的人都說曾受害羞所苦。
即學85帖等同專業療程的
退羞特效藥，即刻博得好人緣！

誠品年度跨領域暢銷冠軍作者
暨前害羞寶寶
萊拉・朗德絲 著 鄭煥昇 譯
Leil Lowndes

趙少康╳黑幼龍 強力推薦

本書獻給為害羞所苦的每個人，
走過所以我懂，大家辛苦了。

CONTENTS 目錄

第二部／別人到底怎麼看你　045

序

害羞不是病，羞起來要人命

害羞，是一種詛咒。害羞讓我覺得不論在誰的世界裡，我都是個不速之客。害羞是最糟糕的一種個性，沒其他種可以比。我寧可討人厭，寧可粗魯一點，都一定比害羞好，害羞的人很痛苦，討厭或粗魯的人感覺還蠻開心的。

——戴夫．B．特雷多 (Dave B., Toledo)，俄亥俄州 (Ohio)

想想你祖父母的時代，那時沒有什麼網路約會，因為發明網路約會的人還沒出生，當時英文裡的「pick up」也沒有「搭訕」的意思，這個動詞片語的後面接的不會是女生，而是你的臭襪子。所以要是當年阿嬤很矜持，阿公很宅，那你今天就沒這個福分在這裡讀我的大作了。

科技日新月異，但對害羞的人來說這幾十年算是白混了。好心的親戚朋友會說：好啦，就勉強一下嘛……難得有活動要參加啊……約她出去啊……做球給他啊……跟老闆提加薪啊……去跟大家聊天啊……開會時有意見就舉手說啊……

他們說的容易，他們知道我多焦慮嗎？知道我想隱形嗎？知道我不知道該說什麼，怕說錯話嗎？知道我腦子裡一堆梗，但沒有勇氣說出口嗎？不過話說回來，你知道自己很有料，你知道自己只要能甩開橫在面前的「害羞」，一切都會變好，你的人生不但可以重開機，甚至可以超展開。

我知道害羞的痛苦，我嚐過。一直到已經出了社會，我都還是一遇到陌生人就一臉慘白。我記得應酬場合我一定是壁花，衣服可以融入牆壁的顏色，是我最大的願望。要是那時候有這本書就好了，但現在各位能看到這書也算是了了我的一個心願。

知己知彼：害羞是怎麼一回事

一九四〇年代的科學研究給了人類一項大禮，拯救了數百萬人免於死亡，這禮物不是別的，就是大名鼎鼎的盤尼西林。近年來的研究則給了我們另一個差堪與盤尼西林比擬的禮物，這玩意兒可以拯救數以百萬人免於害羞的痛苦。這份禮物，是集社會學、心理學、遺傳學、生物學、生理學與藥學菁英的尖端研究成果。

害羞的研究幾乎可以跟下面幾個人名畫上等號，當中包括菲利浦·金巴度（Philip G.

Zimbardo）[1]、柏納度．卡爾杜奇（Bernardo Carducci）[2]、傑若米．卡根（Jerome Kagan）[3]，還有其他幾位。我對他們除了感激還是感激，你若去讀他們的深入研究一定可以獲益良多。本書的內容皆來自醫學與心理衛生領域的專門研究，以他們的研究為本，我發想出了八十五個「退羞特效藥」，也就是八十五個可以斬斷或至少控制住害羞的練習。如果你想從源頭深究特定的技巧，不妨去看看參考資料出處。

只要投入時間練習，這些「退羞特效藥」很快可以讓你跟害羞說掰掰。我敢這麼說，是因為十幾歲的時候我也是個宅女，大門不出二門不邁，但現在的我是個自信十足的女人，要巡迴全美演講ＯＫ，要接受媒體專訪也沒問題，出席活動深入人群更是如魚得水。如果「退羞特效藥」對我這種連看到自己影子也會害羞的人都有用，那你一定有得救！

在你開始之前，我想先提醒幾件事情。近期藥理學上有許多重大突破可以幫助人緩解心理症狀，在我還很害羞的時候，心病是沒藥醫的，所以我只能靠自己走出來，這本書主要也是希望幫助那些不想借助藥物的人。當然如果你已經有在看心理醫生，那還是謹遵醫師指示服藥，我並沒有資格越俎代庖。

對想靠自己的朋友，我有幾點閱讀前的建議。首先，本書請按部就班讀完，這樣你才知道每項技巧的重要性，才不會錯過什麼好招。再者，對你來說特別困難的練習，可以放在後邊，你應該由淺入深，由易而難。好，就這樣，來吧！

喔，還有請不要跳過〈第十一部 給為人父母者與想更了解自己的害羞寶寶〉。你對自身的害羞可能有很多疑問，這部分能給你很多很棒的答案；如果你的孩子很害羞，或者你有這樣的疑慮，也可以在裡頭找到對策。

害羞該怪誰？能改變你的，只有你自己

小時候我是個好奇寶寶，喜歡打破沙鍋問到底；天為什麼是藍的？夏娃有肚臍眼嗎？吐司發明前大家吃什麼？

但「我為什麼害羞？」不在我的問題之列，因為我覺得為什麼害羞不重要，重要的是有沒有特效藥。但身為過來人，**我現在覺得知道為什麼害羞很重要，因為知道病因，才能對症下藥**。

我聽過害羞的人說……

「一定是爸媽的關係。」

「鄰居的小孩很討厭，會給我取綽號。」

「我覺得是遺傳。」

後面我們會講到哪些蛛絲馬跡你可以注意，透過這些線索你可以知道自己為什麼害羞。但在那之前，我想引用一位很會演戲，也很有想法的女藝人的名言，她一輩子都在跟害羞對抗。

我們受的教育是怪爸、怪媽、怪兄弟姐妹、怪學校、怪老師，你會怨天尤人怪東怪西，就是不怪自己，自己一點錯都沒有。但你確實錯了，一路以來都錯，因為能改變你的只有你自己，不是嗎？

——凱薩琳・赫本(Katharine Hepburn)

害羞看起來都一樣，成因卻五花八門，這我們後面會講，然後你會知道自己屬於哪一種害羞。比方說你可能是「敏感型害羞」(Highly Sensitive Shy, HSS)，也就是天生的，也可能是「情境型害羞」(Situational Shy, SS)，也就是後天受到父母或個人經驗的影響。

我把這個其實蠻關鍵的部分放到本書的最後，是因為如果你跟從前的我一樣害羞，那你應該會比較想先知道解藥，至於病因則可以等等。當然若能先讀一下害羞的成因，你對化解之道確實可以吸收得更好。

害羞者現身說法

貫穿本書會有很多來自我自身的切膚之痛與其他害羞「同好」的親身體驗，還有一些是研討會上與會者的分享。說到研討會，我本來以為找為害羞所苦的人來討論害羞，跟找怕老虎的人到虎籠裡聊老虎是差不多意思，沒想到害羞的朋友不但願意來，而且還一時間看不出他們哪裡害羞了。

我請這些與會者把害羞心路歷程中的高低起伏寫信寄給我，因為我想讓讀者們也看看他們是怎麼說的，另外，我也整理了我其他拙作的迴響及免費電子報菁華，供本書讀者參考，有興趣的也可以到 lowndes.com 訂閱我的免費電子報。書中我詳列了分享害羞經驗者的大名，當中有人希望匿名，我也按他們的希望使用了假名。

最後，我想說明一下書裡用到的一些專有名詞，以利閱讀。首先書裡會不斷出現「害羞者」跟「自信者」這兩種人，而「嫌惡對象」則是指讓你覺得害怕的人事物。然後為了讀起來不那麼費事，我會全部用「你」來代替他／她、他們／她們、有些害羞者、很多害羞者、多數害羞者……等等族繁不及備載，這樣行文才不會太囉嗦。當然大家不用每件事情都對號入座啦，我也絕對沒有要針對任何人的意思，因為書裡所有的內容都是根據普遍的研究與統計，所以我想說的是：你讓我好做事，我讓你好閱讀，我說「你」

不是真的指你，OK？

好，言歸正傳，我們一起來跟害羞說掰掰。

我以前害羞到爆。我要嘛沒辦法直視人，要嘛就是臉紅得跟什麼一樣。有人是人來瘋，我是人來羞不算還超會飆汗。沒自信又看不起自己，我總覺得自己在別人面前矮一截，直到有一天我開始思考，我了解到我跟誰比都不差，誰說我不好的？我了解到那些說我不好的人自己是多好？他們說話有什麼根據？我幹嘛把他們說的話那麼當回事？他們沒資格說我。

——東尼．V．西尼，澳洲雪梨 (Tony V., Sydney, Australia)

1 菲利浦．金巴度 (Philip G. Zimbardo，1933-)：美國心理學家、史丹福大學退休教授，以史丹福監獄實驗和編寫大學心理學教材而著稱。

2 柏納度．卡爾杜奇 (Bernardo Carducci)：印地安那大學東南分校害羞研究中心教授，專門研究害羞心理。

3 傑若米．卡根 (Jerome Kagan)：哈佛大學心理學名譽教授，國家科學院醫學協會及美國國家藝術與科學院會員，被譽為「二十世紀最有影響力的心理學家之一」。

【第一部】

當下之計：不再害羞之前的危機處理

OK，你會說：我知道有天我會醒過來，害羞的日子會像流星一樣短暫，但話說回來，我是要把書裡所有的招都打完才能跟害羞說掰掰嗎？

當然，就跟所有值得努力的目標一樣，一分耕耘一分收穫是不變的真理，自信也需要拿時間去交換，但好消息是成功的曲目演到最終章之前，你有四招可以先擋一擋，這樣一方面你可以立馬不怕見人，外加三招可安撫自己，這樣你心跳就不會再隨時隨地都那麼快了。

第一章
我該老實說自己害羞嗎？

「你？害羞？完全看不出來！」

我們幾乎都有過這樣的經驗，親朋好友或用心良苦的叔姨嬸伯，他們會眉飛色舞地建議說：「你就直說自己害羞就好啦？說出來會好一點。」

人家一番好意，你於是沙盤推演起來。

我要是真這麼說，得到的回應該不會是：「是喔，好可憐喔，你會害羞喔？那一定很辛苦喔？我來給你呼呼，然後我們當好朋友吧！我們一起來克服它！」

最好是。

如果跟交往的對象坦承自己害羞，你的他或她該不會說：「是喔，太好了，害羞的人超級是我的菜。我們出去約會吧，把你是怎麼個害羞法全部說給我聽。」

想太多。

這麼想過一遍以後，你決定絕口不提愛我，嗯，是絕口不提害羞。

說到害羞，三緘其口是明智的。經驗告訴我你要是眞的把害羞的事情說出來，你首先聽到的會是噗嗤一笑，然後接著是「你喔，你哪裡害羞啦？完全看不出來。我是說你很有禮貌，很客氣啊。」你知道的就是那一套，一天到晚都可以聽到。

不過說到這我想亂入一件事，一件蠻重要的事情，那就是如果你此刻有在接受正規的治療，有固定的心理醫師與固定的作法，請你以專業的意見爲主。醫生說的跟書裡寫的不一樣，請聽醫生的。畢竟書裡頭說的是普遍的狀況，但個人的差異所在多有，醫生的臨床判斷有其必要。

身為一名研究生，我平日也當老師賺取生活費。我想表面上我不害羞，但內心我卻深受羞怯所苦，走路遠遠看到熟人我會繞路，只為了不要跟他們強碰而得說話。在一群人裡，我會一聲不吭坐著，有意見也不說，只是把耳朵開著聽其他人你一言我一語。我跟人說過自己害羞，有人笑沒人當真，沒人知道我內心的痛苦。

——安潔拉．P，阿肯色州霍普(Hope, Arkansas)

我自爆祕密的那天

高中時我媽很擔心我沒自信又沒朋友。一個星期天晚上吃完晚餐，她好心建議我應該把自己害羞的事情說給其他女生朋友知道。

什麼，自爆害羞？那不就跟打拳擊的把臉迎上去給人打一樣。說眞的，拳擊裡確實有這種技巧，而且有用，問題是我現在是在過日子而不是打拳擊，自爆害羞只會讓我被打趴在地上聽著裁判倒數。

「答應我，萊拉。」

「媽，不行啦。」我邊說邊看著她一臉失望。

「好吧，我答應妳就是了。」

那天晚上，失眠的我兩眼瞪著天花板，不爭氣地哭了，一副擔心著要怎麼「出櫃」的感覺。

不知道是不是錯覺，隔天天亮得特別早，我在去上體育課的路上想說拖也不可能拖一輩子，擇日不如撞日，於是我像諾曼第登陸艇打開艙門一樣進了更衣室，映入眼簾的不是別人，正是班上的「白雪公主」潘妮洛普本尊，於是我們邊換體育服，邊用小潘潘最拿手的運動熱身。話說她打得一套好八卦拳，喔，不對，是說得一口好八卦。說熱身誇張了，其實只熱到嘴。

一翻兩瞪眼

「嗯，萊拉，週末過得怎樣？」

她簡單一句話，我大腦立刻進入最高國安層級，**怎麼辦，怎麼辦，要跟她實話實說我一個人宅在家嗎**？**還是我應該打腫臉充胖子說「喔，很棒啊」**？**嗯，還是不要挖洞給自己跳，萬一她追問我棒在哪裡，怎麼辦**？

就在這電光火石之間，我的思考時間已經長的不自然，面對她時速高達兩百公里的發球我只能勉強把球打回去，而且姿勢有點難看。「嗯，還可以。」

當然，事情不會如我想的那麼簡單，小潘潘果然上網狠狠殺了個球。「還可以是什麼？」

這下子我真的被逼上絕路了，我的選項只剩下「騙下去」或「招出來」。想到答應媽媽的事情，我決定招了。

像低頭族一樣看著我的手機，喔，不對，是看著球鞋，我臉紅地說出「我害羞。」小潘潘倒是沒料到我會這麼說，但她小小驚訝之餘還是力道十足地反擊說：「妳？害羞？妳哪裡害羞？我是說妳跟我講起話來也是頭頭是道啊……嗯，好吧，先這樣喔。」語畢她匆匆朝著教室出發去上課。

對此我有點不知道該做何解，更不知道自己的選擇是錯是對。

但這件事並沒有變成懸案。幾乎剛好二十四個小時後，我又去上體育課，跟我同班的女孩們又在置物櫃前面嘰嘰喳喳。「哈囉，萊拉，」一個聲音從更衣室的另外一頭傳來。「聽說妳會害羞喔？真的嗎？」

這話就像重重一拳打在我的肚子上。接著我還沒站穩腳步，又一個甜美的少女口無遮攔：「妳有什麼好害羞的啊？」

我趕緊語焉不詳，結結巴巴地說覺得人不舒服，狼狽地逃出了更衣室，爬上樓，躲到一間空教室裡哭。那天的午餐我餓著肚子，什麼胃口也沒有，我唯一感覺到的只有難過。

當成往事，我不覺得當時的同學是多壞，搞不好她們還是好意想讓我覺得害羞沒什麼，算是一種安慰，但辭不達意是人的通病，她們有反應也代表她們在乎你。同學的發言雖然白目，但還是好過無視。

退羞特效藥第1帖：不要到處講

一般說來，除非醫生有特別指示，否則不要跟別人說你害羞，親友才是你該傾訴的對象。

第二章

害羞也可以聰明：復建過程中的緩兵之計

中庸之道：話說一半，比較好的一半，不會讓你難堪的那一半

世界上唯一沒有例外的事情就是例外，「不要到處講」也不例外。有時候你還非招不行。

朋友揪團到他家看金像獎頒獎典禮轉播，有人買起司跟餅乾，有人布置場地，有人準備喝的，你的工作則是打電話問人要不要來。

問題來了，害羞的你不敢跟不熟的人講電話，於是你陷入了兩難，不知到底該全招了還是繼續拗？

其實路還有第三條：中庸之道，意思是你話說一半就好。你可以半開玩笑說人家會害羞耶，用哈哈帶過的方式讓主辦人聽著不那麼難受，但又明白你想講什麼。不要讓人覺得你是怕麻煩而不想處理，雖然你其實就是這個意思。

遇到這種狀況，「ㄏㄞˋㄒㄧㄡ」這兩字再怎麼像佛地魔的名字，你也只能當一回哈利波特了。重點是咬字要清楚但態度要輕鬆，你可以說：「**嗯，一天之內要跟這麼多新朋友講電話，人家會害羞啦。**」或「**你如果是我，你就知道什麼叫生不如死。**」這樣說完你可以趕緊輸誠，表示自己其他的事情都願意做。

退羞特效藥第2帖：一皮天下無難事，伸手不打笑臉人

遇到自己覺得害羞，但又不想讓人覺得你在逃避責任時，第一志願是說出來，但不要太直接。你可以用哈哈的語氣或說話的速度去中和訊息的強度，一句話講完，千萬不要戀戰。

先講先贏：「老娘／恁爸就是害羞，怎樣？」

先講先贏也是一招。有時候忙一件事的才幾隻小貓，先把話講清楚對大家都好，但也是要挑時間，以不會尷尬優先。閒聊時你可以問他們害不害羞，然後帶到你有一點。記得笑著說，放輕鬆說。

切忌板著臉，要讓對方感覺你害羞歸害羞，但自我感覺還是不錯。說話的內容是配角，肢體語言與說話的音調才是主角，這是常識。

退羞特效藥第3帖：舉重若輕

把握閒聊的時機切入害羞的話題，然後不經意帶到自己害羞，點到為止，別打爛帳，別給聽的人負擔。讓人知道你害羞但不覺得沉重是一種資產，之後你用得上。有什麼事不想做，什麼地方不想去的，笑著說：「喔，人家會害羞啦，不是說過了嗎？」，這樣說絕對完勝板著臉說：「辦不到，我害羞。」

這招絕非長久之計，也不是要你逃避。但這絕對是不錯的緩兵之計，可以幫你爭取時間把信心再長回來。

第三章 臉紅、心跳、大飆汗，該怎麼辦？

害羞寶寶不陌生的幾個專長包括飆汗、臉紅，還有其他把害羞兩個大字寫滿全身的症狀。他們常常因爲自己覺得反正瞞不了，乾脆說出來，但我送他們佛洛伊德愛用的三個字：不、需、要。有時候流汗只是因爲熱，臉紅只是血液循環好，大家不用想太多。

最多你可以和他們提你臉怎麼那麼容易紅，或者是汗怎麼流那麼多，但不用非把這些狀況跟害羞綁在一起。害羞，那是什麼，能吃嗎？

用幽默包容一切

臉紅心跳，冷汗手汗齊發不是害羞寶寶的專利，很多很有自信的人也會這樣，像我有個客人就是呼風喚雨的企業執行長，他一樣有臉紅的問題。

這位執行長叫柏納，經常應邀上電視談財經，而上電視是很容易讓人臉紅的。柏納自知臉紅定了，但他並不引以為忤，一點也不，被人ㄉㄧㄤ他甚至有點樂此不疲。

每次他到電視台受訪，大廳接待他的員工就會用麥克風廣播：「呼叫化妝師，呼叫所有化妝師，粉底要帶夠喔，臉紅大師柏納來了。」

走進大廳的柏納會一路被笑，連他自己都笑。「早，紅孩兒！」「欸，柏納，你來上玫瑰之夜喔。」這些人不是白目，而是知道柏納開得起玩笑。柏納早就大大方方說過自己的特異功能是臉紅。他笑說：「我老婆怕臉紅，所以把所有的『叩打』都給了我。」

身為臉紅專家，柏納覺得還蠻光榮的，按照他的說法，臉紅有些事你不得不知：臉紅是會遺傳的，但小北鼻不會臉紅；五一％的人會臉紅，這當中很多人並不害羞；還有就是臉紅是不分膚色的。

不過話說回來，膚色深的人臉紅確實比較看不出來，所以柏納會開玩笑說自己很羨慕公司的財務長喬藍。「喬藍比我還容易臉紅好嗎，只是他有美國原住民的血統，所以大家都被他給唬了！」柏納會故作氣憤地說。

你有手汗的問題嗎？在跟人握手前，你可以開玩笑說**「等等，讓我先把手擦乾，不**

然你握完手還得去洗手。」或者你可以說「**你確定要跟我握手嗎？我手一直很濕喔，不要說我沒先警告你。**」強調「一直」，這樣人家就不會聯想到你的手汗跟害羞有關。

有些準備可以在家先做。我的經驗是止汗劑跟痱子粉可以用，不需要多，跟髮膠一樣一點點就夠，效果肯定讓你滿意，但這絕招不要到處說。

退羞特效藥第4帖：自嘲是把刀，拿它完美切割你的外表與內心

如果知道自己的害羞會漏餡，會表現出來，不妨把幽默感當成自己的保護色，預告自己會臉紅、流手汗、全身發熱，算是給事情先打個預防針，不用提害羞跟這些症頭有任何關係。

第四章 如何面對害羞

別給自己貼標籤

沒有人會在臉上寫著「我害羞」，然後去逛大街，因爲你連說都不該說，連提都不能提，這是你不能說的祕密。再說，誰能定義害羞，你說自己害羞就害羞，誰給你這個權威？人何其複雜，個性好惡無一能夠量化。給自己貼上害羞的標籤只能是流於武斷，只能讓你其他的特質遭到忽視。

說自己害羞還有一個風險，那就是像詛咒一樣讓自己不害羞都不行。**昭告天下你害羞，別人可能聽聽就罷了，但你自己可得身受其害。**

標籤讓我封嗓

我不覺得自己是美聲天后的料啦，但是我現在會這麼惜聲如金，主要還是七年級的時候有人用標籤封了我的嗓。那之後我再沒唱過一個音。

話說七年級的我曾經是唱詩班的一員。一天下午練唱特別不順，詩班的魔鬼老師用銳利的眼神狠瞪著我的方向說：「誰走音！那個人不用唱了，做嘴型就好。」他說的自然是我，於是從那天起，我唱歌就像「燒聲」的烏鴉，幾乎聽不到聲音。就算到了今天，我也不唱歌，包括生日快樂歌，就連嘴巴跟著動都讓我如坐針氈。

幾年前的事，我跟一個知道我這心結的老同學一起聽著收音機，廣播裡播的是我小六時的流行歌。聽著聽著我一時興起哼了起來，而身為唯一的聽眾的那位同學一聽大驚。

「萊拉，妳很會唱嘛！」

「怎麼說？」

「妳音很準啊。」

「最好是。」

「真的啦。」

就這樣半信半疑，我多試了幾首小時候的流行歌，結果同學沒有騙我，我真的能唱，但真正最震撼的事是以唱詩班老師點名我爲界，之後的歌我都掌握不了音準，一整個音癡狀態。

唱詩班老師給我貼了個音癡的標籤，於是我就真的成了音癡，這並非我天生如此，而是後天的詛咒。

多一件行李罷了

美國身心障礙者協會（The American Association of People with Disabilities）最堅持的，就是成員不可以給自己落下「殘障」的烙印。他們是對的，他們主張「坐輪椅跟殘障沒有關係」，輪椅上的人跟正常人一樣健全，只不過出門要多帶一件行李叫作「身心障礙」，而輪椅就是用來裝那行李的工具。使用像殘廢、殘障這樣白目的說法，你會被協會的會員們白眼。

同樣的道理，**你不害羞，不要說自己害羞。想像你是個信心滿滿的人，只是多帶一件行李罷了，這行李叫害羞也好，叫什麼也罷，抵達目的地你就會將之放下。**

退羞特效藥第5帖：害羞是佛地魔的名諱，不能對人說，也不能在心裡想

我們內心都有小劇場，劇場裡有個聲音在對你說話，這聲音說話可能很不客氣，可能很傷人，請你不要理會這聲音。絕對不要對自己說「我害羞」，你應該告訴自己的是「特效藥在作用了，我很快就會有自信了。」

在我身邊不要提「害羞」

被說害羞不僅對小孩子殺傷力十足，大人也不見得受得了。試想，就算你是正到翻或帥到爆，只要有夠多的人說你醜，說久了你也會相信。所以你不僅應該叫自己內心的小惡魔閉嘴，也應該對身邊的人下禁口令，誰都不准在你面前說「ㄏㄞˋㄒㄧㄡ」。在這件事情上，老媽、老爸、老姊、老弟、鄰居的小朋友、外甥、外甥女、表姊、同學一體適用，沒有情面可講。當著你的面，就是不能說你害羞，當然背後講也不行啦。

退羞特效藥第6帖：不准親友說你害羞

每次有人說「別害羞嘛！」或問說「你怎麼這麼害羞？」，他們是在挖洞給你跳。這些人沒有惡意，甚至覺得他們是想幫你，這時他們會補一句：「你很棒啊，沒有什麼好害羞的啊。」但他們這樣其實是在害你。要是你是輾轉聽到他們跟別人說你害羞，那就更可惡了。想一樣你會想罵「圈圈你個叉叉」的東西，把這東西換成「害羞」，然後決計不要讓這東西在你身邊出現。

第五章 遇到難關，以最好的一面示人

山不轉路轉

雖然在唱詩班老師摧毀我所有的音樂細胞之後，我還是擺脫了害羞，但可怕的後遺症還在，我現在遇到身邊一堆人在唱歌的場合，還是很不自在。

我決心讓這樣的痛畫下休止符，讓我就算是對嘴也可以對得很開心，我坐了下來，備好紙筆，列出了一堆自己的優點，希望這些優點可以讓我唱歌儘管像「燒聲的烏鴉」，還是可以手握麥克風樂此不疲。

這就得說到音樂劇的演員裡有一個術語叫把歌「銷出去」，意思是有些音樂劇演員不見得那麼會唱，但是他們懂得用表情與台風「電翻」台下的觀眾。

嘿，我靈光一閃。**身為「前」害羞寶寶，我就可以用這一招啊！我可以用我的電眼加上微笑去顛倒衆生，須知現在的我已經不怕給人看，也很能展現幽默感，甚至可以說有點愛現（狀態顯示為害羞已經根治）。**換句話說，我或許不能「唱」歌，但我可以「賣」歌，把歌給我，我「銷」得出去，這就是我說的「山不轉路轉」。

見眞章的時刻終於到了。有天晚上好朋友在餐廳慶生，大家夥都到了，突然間燈光暗了下來，師傅親自推著比他帽子還高的蛋糕進場，所有人一擁而上唱起「生日快樂歌」。

包括我。我可是火力全開！在「唱」的過程中我把牙齒全露了出來，毫不吝惜展現大大的笑容，甚至開玩笑地指揮起大家，沒人懷疑我其實沒有唱出任何聲音。

以最好的一面示人

假設有個聚會你不去不行，但害羞與焦慮如海嘯般襲來，你怎麼辦？這時你可以學我提筆列出自己的優點，就像下面這樣：

①我穿衣服很有品味。
②我愛看電影，首輪幾乎都不會放過。
③我通馬術，給我匹馬我有辦法讓牠動。
④很多人說過我的牙齒很整齊。

都列出來之後，思考這些優點可以如何應用在各個場合。比方說：

①**穿著品味**：我可以打扮得漂漂亮亮去參加活動，搶盡現場目光。
②**電影知識**：我可以問人最近喜歡什麼電影，然後旁徵博引。
③**高超馬術**：我可以問人喜歡什麼戶外運動，然後帶到馬術的話題上。
④**整齊牙齒**：我會咧嘴多笑。

對抗焦慮，以優點示人是神兵利器。

退羞特效藥第７帖：以優點示人，列張「替代道路」清單

搞政治跟賣東西的都不會沒有計畫就出門騙人，騙人不好，但你可以跟他們學學計畫。下次又有活動要參加，又感覺焦慮不安，不妨提筆寫下自己的優點，然後評估一下自己可以如何成為現場的亮點。

【第二部】
別人到底怎麼看你

正常的害羞寶寶都最怕一件事情，那就是別人怎麼看你。前面教你了緩兵之計，讓你可以爭取到時間改善自己；教了你開口、閉口的時機，讓你知道哪些東西不僅不能講出來公諸於世，更不能心中默念自我暗示；還教了面對害羞的各種症狀成為路障，你有哪些替代道路可行。

接著，我們要來談的是別人怎麼看你，真實版。

被說「你整個搞錯了」，沒有人笑得出來。但凡事都有例外，有件事你「一整個搞錯了」，感覺跟中樂透一樣開心。這事兒就是你以為別人怎麼看你，喔對了，這別人也包括你自己。

蛤，現在是什麼情形？讓我們繼續看下去。

第六章 我害羞，看得出來嗎？

大家都在笑我

你可能以爲自己的額頭上有幾個大字，上面寫的是「警告：此人患有社交恐懼症（又稱社交焦慮症，俗名害羞）」。從這樣的「以爲」出發，你會進一步以爲別人都在笑你，或是都想要躲你。很多害羞的人一遇到別人目光移到他們身上，一遇到有人問他們問題，甚至一遇到有人朝他們笑，就會立刻往壞的地方想，就會以爲又是有人想弄他們，而這，眞的是誤會大了！

害羞哥或害羞姊常見的想法有：

這人幹嘛講話特別客氣，大概是覺得我害羞很可憐吧。他幹嘛問我問題，可能是想看看我會不會害羞到不敢回答吧。看這人的樣子應該是看我害羞覺得不順眼吧，還是他想讓我出醜。

害羞的人覺得自己分分秒秒都在受審，陪審團就是身邊的人。最好是。正常人都不會注意其他人害不害羞，包括你。那他們在想什麼，你會問，答案是：沒錯，大家都想著自己。

父親幫助我走出害羞，只跟我說了一件事情，那年我十四歲。他說正常人想自己的事情，擔心別人怎麼想他們都忙不過來了，根本不會有那麼多心思放在你身上。我立刻懂了，也立刻覺得自己怎麼現在才懂這麼簡單的道理，這麼明顯的事情。

——潘南．L，英國倫敦 (Pennant L., London, England)

心頭砰砰跳，像在打鼓一樣的當口，告訴你別人聽不到你會覺得我在騙你。別人怎麼可能看不到我臉紅得像煮熟的龍蝦一樣，你會這樣想。但事實一而再、再而三證明害羞不是什麼很明顯的事情，反推回去搞不好別人害羞而你被蒙在鼓裡。

西方國家經調查有一三%的人一輩子害羞，有八〇%的人說曾經一陣子受害羞所苦，另外四〇%的人說自己現在還是會擔心別人怎麼看自己。

——《精神醫學文獻》期刊（*Archive of General Psychiatry*）

大說謊家

有些害羞者很會演戲，可以用演技蓋掉自己的羞赧。我主持的害羞研討會常辦在飯店，同時間往往還會有其他的研討會也在進行。有時候我會看到幾個感覺相當外向的人排隊報到，他們會跟一起排隊的人聊天，會跟辦理報名手續的工作人員開玩笑。遇到這樣的人，生性多疑的我會上前問他們有沒有走錯研討會，但我得到的是燦爛的笑容與再三的保證。

一開始我還是覺得狐疑，但隨著研討會的進行，我開始發現剛剛笑容燦爛的那些朋友並不如外表所顯示的那麼有自信。事實上，他們簡直是害羞到一個不行，排隊時的他們只是在演戲，而且演得很好而已。沒人看得出來他們內心的掙扎，畢竟表面上他們完全可以融入人群。外表信心十足，不代表他們私底下不會超級敏感，搞不好他們內心之糾結不足爲外人道。就算是笑著、聊著，他們其實還是心心念念、惦記著別人怎麼想他們，那是一種折磨，一種酷刑。

我屬於「非典型」害羞。我三十二歲，外表看來自信，好交朋友；其中好交朋友倒是沒錯，但自信我就沒那麼篤定了。在外面遇到新朋友，我會大聲地說哈囉，但是這之後我就會莫名地緊張起來，然後就會明明很想卻怎麼也沒辦法跟人好好講話，可以說在陌生人面前我總有些不自在。我的朋友或同儕會說我大方果斷，但內心的我其實很軟，就像棉花糖一樣軟。粉飾太平讓我精疲力盡，還有手汗也很要命！

——麥可．D (Michael D.)，英國倫敦

「大說謊家」看起來信心滿滿，元氣十足，但就是因爲這樣，他們的苦楚更甚於一般的害羞者。怎麼說呢?在群體的眼中，這些人是可以倚賴的，是有活動時應該扮演要角的人，他們應該是開心果，應該是幹部，應該是要擔大任的人，但是內心的羞怯

往往讓他們裹足不前，推託再三，但你有多少藉口可以編？有多少理由可以講？長此以往交友圈會產生負面的聯想，會不再信任他們。他們會覺得這些人是在假仙，或者根本是假貨。

害羞有強烈的保護色

不知凡幾的研究證實了一件事，那就是不論你本身害羞也好不害羞也罷，一般人都會被害羞者的「擬態」或「保護色」所騙，或者我們可以說一般人都不具備很準確的「害羞雷達」。從社會學的魔術帽裡頭，我隨機挑出了一份研究，受試者是一群彼此關係緊密的人，精確一點說是同宿舍的四十八名大學生。他們平常時會一起吃自助餐，也有不少課一起上，校園裡的晨光中、圖書館閱覽室的燈管下，乃至於週末的夜店裡，都有他們相伴的身影。我想不過分地說，這些同學彼此間非常熟。

研究者首先將學生「隔離偵訊」，好確立他們每個人害不害羞。這一準備工作完成後，研究者要每個學生評估其他同學的害羞程度。

出來的結果令人大吃一驚。研究人員發現有八十五%的學生沒有拆穿私底下眞正害羞同學的「臥底身分」，反倒是自認自信過人的學生有一部分被同儕誤認爲害羞。

你以為害羞像鼻頭上的痘痘一樣刺眼，一樣明顯嗎？希望你沒有拿錢去賭，因為研究顯示，你贏錢的機率頂多一成，也就是十賭九輸。我想說的是，**一般人根本看不出你害羞，就算瞎貓遇到死耗子被他們看出來了，你也不會因此被討厭。正常人的反應是同情，而且會為你加油，希望你開朗起來。**

下次你跟人聊天時害羞發作，記住，你的祕密很安全，沒人看得出你害羞。害羞百分百是一種「隱疾」，就像吃完麻辣鍋隔天胃隱隱作痛一樣。除非你手放在肚子上呻吟，否則沒人知道紅湯在你消化道裡肆虐。

退羞特效藥第8帖：對自己說「沒人知道我害羞！」

我不是在安慰你，除非你像被灌了咖啡的公雞一樣抖個不停，否則沒人知道你內心的恐懼。對自己下咒，對自己說：「如果朝夕相處的大學生都不知道彼此害不害羞，那萍水相逢的人何德何能可以知道我在想什麼。」

第七章
拿下你的有色眼鏡

跟人說話時，你的本能是會想要隱藏自己的害羞，爲此你會特意跟對方有眼神接觸，不想讓人知道你怕面對人。但即便你能做到這樣，那也只是表面功夫，內心的感覺不可能消失。你內心依舊會想說對方以爲你是個白癡，覺得你的衣服像是撿來的，然後頭髮也梳得亂七八糟。你還是會覺得對方暗地在嘲笑你，更不用說事後會把你當成跟朋友茶餘飯後的笑柄。

天啊，千萬不要這麼想，因爲事實絕對不是這樣。事實是：**對方根本不會那麼在意你，更不會花這麼多心思在你身上。人家只是跟你閒聊，只是想有個對象說說話而已。**就算十次有那麼半次對方眞的在觀察你，也大概是想知道你怎麼想他、看他。

我不是瞎說。一堆研究已經證實害羞寶寶的小劇場，幾乎都是自己想像出來的。

> 害羞者會老覺得別人討厭他們，不是因為真的互動遭拒或言語挑釁，而是因為長久以來的自我催眠與記憶。這樣的想法當然談不上客觀，因為害羞者都會往壞的地方想。
>
> ——《行為學研究與療法期刊》（*Journal of Behavioral Research Therapy*）

「他們討厭我，我知道，我就是知道」

有一個研究很天才，我說給你聽聽看。幾名研究者花錢找來了專業的演員跟攝影，還準備了一些看起來怪怪的道具。然後研究者擔任起導演，讓演員對著攝影機演戲，演的內容很簡單，就是讓演員對著鏡頭說「哈囉」或「嗨」，就像跟初次見面的新朋友打招呼一般。

研究人員讓三分之一的演員採取溫暖的「我喜歡你」的態度，再三分之一的演員採取中性的表情，最後三分之一的演員則被要求要流露一副冷冰冰，「我不喜歡你」的感覺。

當然，足智多謀的研究人員不會把研究的成敗完全押在演員的演技上。爲了確保科學上的準確性，研究者在第一組演員的面前準備了像束花的香氣來誘發他們更爲親切與接納的態度，相對之下，中性的演員身邊則空空如也，至於第三組演員則得忍受噁心至極，疑似嘔吐物的東西相伴。

影片「殺青」後，研究者把成果放給一群受試者看，其中半數自信、半數害羞，同時所有人得到的指示都是想像影片中的演員在對第一次見面的他們打招呼。用手中的筆，受試者邊看邊記錄他們認爲影中人喜不喜歡他們。

結果呢？害羞者大多覺得第二組中性演員討厭他們，甚至連笑容可掬的第一組都有一部分被誤認在排斥受試者。受試者唯一猜對的是第三組眞的討厭打招呼的對象。

受試者中有自信的人則覺得多數人都喜歡他們，至少也是不討厭。

所以結果很清楚了：**大部分的時候，別人的拒絕都是你想像出來的。**

退羞特效藥第9帖：對不理性的自卑說不

下次又遇到你覺得別人不喜歡你的時候，記得那很可能又是你的自卑感在作崇！其實只要心裡別那麼多小劇場就沒事了。

學學有自信的人，像他們一樣本能地往好處想，新朋友的一抹微笑、一點暖意、若有似無的靠近，請都當成是因你而起。自信不是一種天賦，而是一種選擇，就像《聖經》裡說的：「尋找，就尋見。」

第八章
向記憶怪獸舉劍

羅生門

面對人群，你是不是有擺脫不了的痛苦經驗？好吧，我這是多問的，哪個害羞的人沒有？害羞的人根本是讓自己下不了台的專家，而且現場尷尬完之後我們還會把事情外帶回家，像盤難吃的剩菜再三品嚐：**他**說了什麼，**我**又說了什麼，**他**回我什麼，**我**是如何地語無倫次……天啊。這盤永遠吃不完的剩菜每解凍一次，感覺就更難以下嚥一點。

我在住宿學校裡最好的朋友史黛拉，雖然很漂亮，卻也很不善於社交，跟我一樣害羞得不得了。

我們就讀的女校跟附近的男校每個月有一次的例行舞會。我跟史黛拉不用說，每次都是躲在角落裝酷。當時很多女同學都很哈一個叫尚恩的帥哥，而他暑假剛跟我們班上的「女一」分手，這對校內所有女性同胞來說當然是個天大的好消息。

那學年的第一場舞會，在我跟史黛拉還在裝傻不喜歡男生的時候，尚恩冷不防隔著人群把笑容像箭一樣射了過來，接著人也慢慢走了過來，還故作正經深深地鞠了個躬。「小姐，我有這個榮幸請妳跳支舞嗎？」聽他這麼說，史黛拉差點嗆到。

史黛拉的「驚嚇」尚恩一定看出來了，因爲他也笑了，但他還是很紳士地執起史黛拉的手，牽著她往舞池走去。我則躲到柱子後面偷瞄這對璧人。

舞跳著跳著，高個兒的尚恩好像注意到女伴的身後有個熟人，於是他道了個歉，說要去跟對方打個招呼。聽他這麼說，史黛拉的臉像冷掉的舒芙蕾一下垮了下去，她快步跑來跟我會合，嘴裡嚷嚷著「萊拉，我們快點閃。」

「爲什麼？」我問。

「別問了，快溜，再不走就來不及了。」

回到宿舍，史黛拉才崩潰。她哀怨地說：「我就知道會被他打槍，我這人好無聊喔，他對每個人應該都一樣好吧，大概是他的每日一善吧，看我一個人很可憐才找我跳舞，讓醜小鴨開心一下下。他應該早就有新女友了，剛剛大概是怕女朋友發現才趕緊落跑吧。要不然就是……。」在史黛拉心裡，那天的遭遇完全是災難一場。

苦於社交焦慮的個體會經常受到過往失敗經驗的無情打擾，每多回想一次，創傷就愈深一分。[1]

——《行為學研究與療法期刊》

就這樣過了幾個禮拜，有天我跟史黛拉在家藥妝店的櫃台前狼吞虎嚥著聖代冰淇淋，突然史黛拉臉上毫無血色，蒼白地像個鬼一樣。坐在高腳椅上的她轉過身，看著我，背對著門口。

「史黛拉，怎麼啦？」

「噓。小聲一點，他來了。」

「誰來啦？他是誰？」

「他啊，尙恩，舞會上那個男生。」

我看了看，果然是尙恩，而且他還直直朝著史黛拉走來。

他也看到我了，還作勢叫我不要出聲。

躡手躡腳的尙恩用手輕輕碰了史黛拉的馬尾。「嗨，正妹，那天妳怎麼不見了？」

史黛拉呆住了，我替她回答說：「嗯，你不是去跟朋友打招呼嗎？後來我們八點半有事情。」

尙恩聽著有點不解。我只是離開一下下啊，有個兄弟來討借我的兩百塊，我去還錢一下而已，我怕他爲了這兩百塊就再也不相信人了，那我罪過可就大了。」

講完他轉身笑著對史黛拉說：「還完錢我還去拿了兩人份的點心，沒想到回過頭妳已經不見了。」他把手放在心上，一副好像心碎羅密歐的樣子。

這時我很識相地假裝看了一下錶。「喔，天啊，都幾點了！我快遲到了，都忘記跟人有約了。」我當然沒有約。

---

1 患有社交焦慮症的個體若能一方面循序漸進接觸害怕的情境，在人際功能表現上的數據遠優於其他臨床療法。

「蛤？什，什麼約？」史黛拉結巴起來。

「笨蛋！就那個約啊。」我心想史黛拉也太老實了吧。

幾個小時過去，史黛拉手舞足蹈地回到了女舍。她說尙恩約了她下個星期六晚上出去約會。

不要滅自己威風

很不幸地，史黛拉的桃花沒有維持太久。跟尙恩天雷勾動地火後幾個禮拜後，她跟我還有一些女性朋友共進午餐，其中梅根已經很久沒見到史黛拉了，所以對她跟尙恩約會的事情顯得特別好奇。但不論梅根如何逼供，史黛拉都說不記得了，被逼急了還開始對梅根大小聲。

回到宿舍後，我忍不住問了史黛拉。「妳怎麼不跟梅根說妳跟尙恩的事情？」

「萊拉，我沒有不說，我是眞的不記得細節了。」

「那妳記得什麼？」

她想了想。「嗯，我記得他比我們先離開舞會。」

天啊，我眞的要瘋了。「蛤？妳怎麼會這樣以爲？」

「我不知道啊。我想他大概是覺得我很無聊，就趕緊溜了吧。」

「史黛拉小姐，」我開始吼起來了，「妳不記得他是去還朋友錢了嗎？他喜歡妳啊，他還主動約妳出去也。」

史黛拉翻了個白眼。「是啦，但誰知道他是不是三分鐘熱度？」

史黛拉雖然是我的朋友，但她眞的沒救了。典型的害羞寶寶，事情她都只記得壞的不記好的。慘的是她會不斷在腦海中重播壞的版本，直到說服自己眞的很糟，也只記得自己很糟爲止。

> 對社交恐懼症患者而言，壞事如鑽石般永恆，好事如雲煙般短暫。
>
> ——《社交恐懼症：臨床與研究觀點》(*Social Phobia:Clinical and Research Perspectives*)

沒你想的那麼糟

「壞印象」會不斷獲得強化，就像粥愈煮愈稠。害羞者會在陽光中找陰影，會在黃金中挑砂礫，會在接受中看到抗拒。他們無法客觀看待與人的互動，相關的記憶也是不準確的。一轉頭，他們看到的是不存在的怪獸。

> 害羞者會把好事想得有點壞，把普通想得非常壞。
>
> ——《行為學研究與療法期刊》

月暈而風，礎潤而雨

害羞者在還是學步的寶寶時即便記憶力有限，就已經開始凡事往壞處想了。在一篇名爲《孩童視覺回憶的個別差異：智能與羞赧的影響力》(*Individual Differences in Children's Eyewitness Recall: The Influence of Intelligence and Shyness*)的研究裡，教師先根據學童的智力與害羞程度進行評分，然後學童們會全體參加班上某位同學的生日宴會，裡頭會有氣球、蛋糕、禮物、生日快樂歌，完全是小朋友會喜歡的東西。

一個禮拜後，研究人員測試了孩子們對派對的記憶，問題包括：蛋糕長什麼樣子？你玩了什麼遊戲？那天好玩嗎？大人甚至還穿插一些假問題來驗證作答的有效性，比方說像「小丑掉球好笑嗎？」，但當天根本沒有請小丑。

目瞤剁乎金

結果是，聰不聰明跟記憶的準確與否無關，眞正關鍵的是小朋友的自信多寡。自信一點的小朋友會覺得記憶中的派對很好玩，跟害羞的同學們比起來尤其如此。害羞的小朋友記住的盡是些負面的東西，跟自己有關係的壞事更是過目不忘。這就好像有自信的小朋友是用 2.0 的視力在觀察事情，而害羞寶寶的視力只有 0.2，自卑讓他們變成大近視。

受社交焦慮症所苦的人面對愉快的過往，反應往往是遺忘或扭曲。

——《行為學研究與療法期刊》

這項研究的一個重點是：受試者都還是孩子。

害羞就是害羞，不分小孩或大人。害羞的人會鑽牛角尖，會讓事情在記憶中顯得更加不堪。**要讓事情盡量接近真實，一個辦法是用筆寫下來，而且要快，要搶在你的自卑污染擴散之前寫完，這樣你記下來的東西才會比較客觀。**

退羞特效藥第10帖：當自己的史官

事情一發生就要打鐵趁熱，寫下你當下的印象。日後要是覺得那天好像有點糗，就把記錄翻出來看。如果記錄裡沒提到什麼糗不糗的，那就別再庸人自擾了，沒有的事別在那無中生有。

第九章
路邊的毒菇不要採

你要我，我不要你

美國喜劇泰斗格魯喬・馬克斯（Groucho Marx）吸了一口手裡的煙斗，他說：「願意讓我加入會員的團體，我都沒興趣。」我想很多害羞者若聽到他這樣說，一定會默默在心裡點頭如搗蒜吧，尤其是那些還在讀書的。年輕人總是渴望加入那些不可一世的小團體，要是不得其門而入，他們就會覺得自己不夠好，殊不知那些小團體也是自封的。

不由分說就把你擋在門外，這樣的社團不值得你付出或難過。不要想方設法去加入他們，那樣你是在作賤自己，那只會打擊你的信心。

有項名爲「青少年初期人緣、友誼與情緒調整」(Popularity, Friendship, and Emotional Adjustment during Early Adolescence)的研究發現，被景仰或愛慕的人拒絕，不論是眞的被拒還是自己以爲，都會影響你的自我感覺。這是人性。學童間會有地位高低，就像獼猴裡有第二、第一。你可以隨便找個小學一年級以上的孩子問句「班上誰的人緣最好？」、「誰的人緣最差？」，他們都可以迅雷不及掩耳地回答你。

但不幸的是，尤其對害羞的小孩來說，如果人緣排名掉出前十名外，他們的自我懷疑就會立刻破表。

小孩是這樣，大人也沒有比較好，而且大人還比小孩更容易「以爲」。大人很容易以爲自己被比較外向的人排擠或拒絕，在社團裡、教會中或鄰里間都不例外。

你可能欣賞某個朋友的個性、品味或交友圈。這時要是這朋友不邀你加入他的活動範圍，不加你成爲臉書的朋友，你就會以爲對方一定是因爲你的某個缺點而不喜歡你，再來你的整個自我形象都會受到這點小事波及。自我形象一旦遭到扭曲，就不是一天兩天的事情。很可能（你以爲）拒絕你的人的姓名跟長相都已經想不起，形象扭曲的影響都還在那裡。

我就愛拿熱臉去貼冷屁股

說到女人，男性同胞應該都對「得不到的永遠最好」很有感。害羞男走進宴會，一眼就看到一個滿分十分的正妹，接下來大半的時間他都在腦子裡幻想要怎樣搭訕。最後好不容易鼓起勇氣，走上前去說了聲「嗨！」，對方卻撇過頭去。

砰的一聲，害羞男的自尊像隕石撞月球一樣摔碎一地。他幽幽地回到吧檯一蹶不振，害羞不但沒好還更嚴重了。

在此同時，宴會上還有一個七分的可愛普妹默默欣賞著害羞男一整晚。試想害羞男搭訕的若是可愛普妹，現在應該開心得快升天了吧。

退羞特效藥第11帖：損友勿交

你會因為對方不「酷」就不跟人家講話嗎？交朋友千萬不要這樣大小眼。帥哥美女不見得值得你尊敬與探索。比爾．蓋茲小時候一點也不酷，但他做了一件很酷的事情，那就是他沒有怨嘆同學不重視他。在車庫拼裝出電腦好像有點遜，但回頭看到底誰輸誰贏？

第十章 聰明人不做笨事，害羞寶寶也是

你有遇過舞台劇演員忘詞嗎？你當時感覺如何？你會看不起這位演員嗎？應該不會，你只會覺得尷尬而已。

自信的人看到害羞的人就是類似的感覺。他們不討厭你，他們只是感覺到你的不自在而完全沒招。再來就是有些彆扭或不成熟的個體會覺得有你在，他們變得有點不能做自己。

喜歡在聊天的時候互虧或開玩笑是美國人的正字商標，特別是年輕人或教育程度稍低的人，但害羞者不喜歡這樣，他們覺得「損人」不好，即便是開玩笑。

男生特別喜歡開這種在害羞者眼裡無聊的玩笑。「你平常就這麼蠢嗎？還是今天爲了我們特別一點？」、「我知道你熱愛大自然，不過大自然好像不太愛你。哈哈！」他們會對某個朋友猛酸，也會等著對方反擊。

當然，這樣的酸來酸去不是男性的專利。女性有時候也會來這麼兩下，女生比較不會當著彼此的面唇槍舌戰，而是會拿沒來的那個人開刀。法蘭克．辛納屈 (Frank Sinatra) 叫這是「女生用泥巴互戰」。不過他們不壞，他們只是在傳承美國青少年的一種「傳統」。

你開不起玩笑，是吧？

互虧不會有好話，但酸人的人會覺得很好玩，甚至連被酸的都有些樂趣可言，但前提是兩人勢均力敵，都知道這是場遊戲，也熟悉遊戲規則。你叫莎拉波娃去跟國中小娃打網球，你覺得世界第一會覺得有趣嗎？對手太弱贏了也無感。

看著別人玩，自己在一旁乾瞪眼是很難過的，害羞的你也會有點蠢蠢欲動，但你又是比較敏感的人，所以你同時也覺得他們這樣很幼稚。你不需要這樣。你會因爲自己網球打不過費德勒，賺錢賺不贏巴菲特而難過嗎？不會吧。人家是專業的嘛，你不是，這沒什麼好難過的。

退羞特效藥第12帖：開不起玩笑，就回火星待著

說笑互虧，不是害羞寶寶應該玩的遊戲，就像地球不是火星人應該待的地方。你的害羞大作戰才剛剛展開，實在不適合以身試險，你的腳皮還不夠厚，還不能讓人在上面捻熄菸頭而不喊痛，再說要你拿菸頭去燙別人，你也沒興趣。所以呢？所以我建議你回火星。

當然如果你不想回火星，也行，那你就靜靜聽，只要話題沒有過分到種族歧視、性騷擾或人身攻擊，那你就姑且聽之，陪個笑臉，機會來了再閃。

第十一章 把自己拍成電影

如果你是拍電影的，然後你用同樣的卡司、服裝、道具、場景與腳本把同樣的電影拍兩次，各用不同的角度拍，那出來的東西肯定還是不會一樣的，非常不一樣。我想說的是，同樣的事情，有沒有自信會讓你的解讀大不同，搞不好兩個人不同的心態把同件事情說一遍，第三者可能還會覺得是兩件事呢。自信跟害羞就像兩片不同效果的透鏡，能讓同一台相機拍出迥異的風景。

假設你人端坐在電影院裡，卡茲卡茲吃著爆米花，享受著劇情。大銀幕上互動頻繁，而你也沒閒著，你忙著融入角色間的關係，比方說你會喜歡男一討厭女二，會祈禱有情人終成眷屬，會巴望著壞人自投羅網。你會給故事裡的人物都打個分數，評個深淺，貼上個笨蛋或花瓶的標籤。

你不會想到自己，你不會擔心自己，電影院裡的你是旁觀者，是事不關己的一雙眼睛，你一邊嚼著爆米花，一邊進行著社會學家口中所說的「田野視角」(field perspective) 觀察。

不過分地說，有自信的人**就是**用田野觀察的角度在看世界。他們軀殼裡的自我冷靜，對外界的觀察客觀，他們得出的結論獨立，對別人的想法不太擔心。自信意味著他們覺得被接納是應該的，不值得大驚小怪。

但害羞寶寶就不一樣了。人一害羞，就會預設立場，就會老覺得別人在拒絕他們。他們一回憶起不愉快的事情，就會靈魂出竅，想像著當時別人一定是怎樣看他們。

靈魂出竅

靈魂出竅的你會飄在空中，看著你自己，你的靈魂會用最嚴厲的語句批判眼皮底下的自己。心理衛生專家的說法比較專業一點，他們不說靈魂出竅而說「旁觀視角」(observer perspective)，因爲你就像是第三者在觀察著自己，只是態度非常嚴厲。相對於你覺得很舒服、很愉快、很有自信的時候，你看事情就是用「田野視角」。

一般人看事情用「田野視角」，社交焦慮者看事情用「旁觀視角」……進入社交場合，社交焦慮者會立刻開始想像別人怎麼看他們的外表與行為。

——《行為學研究與療法期刊》

回想最近自己覺得有自信的場合。也許是夏日午後跟家人去野餐，大夥兒並肩坐在樹林裡的木桌前享用熱狗與汽水。小姪子把芥末醬滴得下巴跟上衣都是，你笑著想著：「眞的是小朋友耶！」。

在餐廳上班的姊夫口沫橫飛，高談闊論著熱狗的作法，你心想：「他搞不好是名嘴的料，不過現在還眞想叫他閉嘴。」這時不遠處傳來烤肉的香味，「天啊，太誘人了，我要再來一條。」於是一個鷂子翻身你跳了起來，目標烤肉架。

這時你看事情所採取的便是「田野視角」。換句話說，你是從你自身的角度看事情，形塑出來的是你的主見。

但假設你是身在一個讓你覺得很緊繃的環境裡，比方說跟你不熟的人去野餐，這時你可能會想「大家一定都注意到我太安靜了」、「他們會不會覺得我太ㄍㄧㄥ？」、「還是好餓喔，可是又不好意思自己去拿熱狗，又不知道該問誰，而且問的話他們會不會覺得我吃完又要拿很貪心」、「我剛剛滴了黃色的芥末醬在身上，他們應該覺得我很笨吧；算了，反正我在這裡本來就不受歡迎」。

下次你開始擔心起別人怎麼看你，請你把心靈的攝影機轉個一百八十度，想想你怎麼看這些人，而不要去想他們怎麼看你。這是一個很好的練習，**這可以讓你用「田野視角」看事情，可以增強你的自信。**

退羞特效藥第13帖：強迫自己觀察別人

要從緊張兮兮的小演員變身成自信滿滿的大導演，絕非易事，但強迫自己去注意別人，他們的穿著打扮，他們的自信與否，他們面對各種情境與你以外人物的反應，都是你可以去觀察的東西。

給自己權利去「批判」別人，對別人品頭論足，就像在看電影一樣，大方地打量人，給人貼標籤、打分數。問自己「我覺得這人怎樣？」，讓自己沒有心思去想「他們覺得我怎樣？」

第十二章 過去的慘事如何釋懷

面對現實

「眞的很謝謝你，萊拉，」你可能會想這麼對我說。「你讓我知道了我用了有色的眼鏡在看眞相，你告訴我說回憶會讓事情感覺一次比一次糟，最後你點醒我不要只看壞不看好。謝謝你告訴我這麼多壞消息。」

哇咧，害羞寶寶，你根本沒聽進去嘛！這些怎麼會是壞消息呢？這些簡直就是天大的好消息啊！我給了你社會學的證據證明：

①很多拒絕或排斥都是害羞寶寶自己想像出來的（第六章）。

②害羞寶寶會在記憶中加料，事情其實沒那麼糟（第十章）。

③害羞寶寶會報憂不報喜，事情只看壞不看好（第十二章）。

④害羞寶寶會靈魂出竅，像在海選挑自己毛病（第十四章）。

這些不都是很負面的想法嗎？何來好消息之說？嗯，你只要戒掉這些這些東西不就變好消息了嗎？往事已矣，來者可追。過去的痛楚不可能當沒發生，但未來的路途你可以樂觀，可以正向思考，可以拿出自信。

退羞特效藥第14帖：你很好，你沒那麼糟

研究不是做假的，老師講的話要聽進去。這些是一翻兩瞪眼的東西，零複雜性，大家都很喜歡你，比你想的喜歡你多很多，你一向的表現也都不錯，沒你記得的那麼不堪，人家排斥你都是你自己穿鑿附會想像出來的。

再遇到焦慮發作，對自己說「我很可愛，他們可喜歡我了」、「我行的，我行的，我來了」、「不要自己嚇自己」，多說幾次，當自己第一排的啦啦隊。

眞要說壞消息，只能說你太晚聽我跟你說這些了，不然你早就可以開始享受你的好人緣了。

【第三部】
退羞三部曲：接球、舉球、殺球

數字可以有魔力嗎？搞不好喔。從基督信仰的三位一體到美國喜劇《三個臭皮匠》(*The Three Stooges*)，三這個數字始終讓人感覺特別，至少對我而言。每當遇到難關，我想出的辦法都跟三有關，就像我與害羞的抗戰。

各位讀者若真心想跟害羞説掰掰，且讓我在此跟大家約法三章：

① 「逃避」的衝動來了，快逃！
② 設計專屬於你的「漸進式接觸療法」(Graduated Exposure Program)，不需要跟別人一樣。
③ 嗯，第三容我賣個關子。

第十三章 玩不完的捉迷藏

三部曲首先登場的是害羞的人最愛玩的遊戲：逃避。但這遊戲不但危險，還容易上癮，這等下我會說明。

你有過遠遠看到討厭的熟人，就開始繞遠路，不想跟他閒聊嗎？害羞寶寶一定知道我在講什麼。曾經我瞥見不對盤的熟人朝我走來，我就會莫須有地過馬路，祈求老天爺不要讓他看到我。要是身邊剛好有家店，我就會立刻進去避風頭。

一般常見的頓悟地點是喜馬拉雅的山巔或印度的古老廟宇間，我的頓悟則發生在大街。

話說某週六早上我逛著大街，那時的我在幼稚園當老師。逛著逛著我注意到對面走來一個同事，男同事，說得更精確一點是傅勒老師。他愈走愈近，而我想到可能得跟他哈啦兩句，心裡突然一陣慌亂，於是我看到身旁剛好是個店門口，就衝了進去。

原本以為自己已經脫離暴風圈，沒想到身後傳來他的聲音：「朗德絲老師，嗨，來買東西喔？」我就像是自己鑽進牛角尖的老鼠一樣，躲都沒地方躲，只好虛弱地原地向後轉，然後用更虛弱的音調擠出一聲慘白的「嗨」，因為我邊轉身，邊發現了自己急忙中選擇的避難所，是一家情趣用品店。鼓起勇氣看了傅勒老師一眼，我發現超誇張的笑意堆滿了他帥氣的臉。

他朝我眨了眨眼，對我說：「嗯，朗德絲老師，妳今天是來補貨嗎？」無地自容的我像沖天炮一樣射出店門，在街上橫衝直撞，終於找著家正常的店家作為「防空洞」。

我想不用我說，你也猜得到在那之後我完全沒臉見傅勒老師，再也不敢正眼看他，就算是在走廊上狹路相逢，我也覺得他那聲「早啊，朗德絲老師」聽起來怪怪的，不像是二年級老師的口氣。

這讓我很生氣，但我氣的不是傅勒老師，而是我自己，我氣自己怎麼會害羞成這樣。於是那天我抱著必勝的決心向害羞宣戰，我發誓以後絕對不躲人，再害怕都不躲。

這對我來說並不容易。因為這個目標很遠大，而我的決心一向並不強。果然沒多久我就「戒毒」失敗，這階段遇到不想見或太想見而會緊張的人，我會假裝剛好需要買東西，旁邊不管是什麼店都走進去，可以說進入了自欺欺人的最高境界。每次我躲人成功，就會覺得很舒服，但也就只舒服個幾分鐘而已。我眞的是在騙自己，飲鴆止渴就是我這個樣子。

「逃避」的快感

每個人都喜歡贏，不光是運動員而已。贏會讓我們通體舒暢，勝利的滋味一旦嚐過會想再嚐，會讓我們飄飄雲上。但害羞的人可以從另外一件事情上得到快感，那就是躲避球，嗯不是，是躲避不想見的人。

逃避別人，雖能暫時解除心理壓力，讓人得到某種「快感」，但這是不好的，而且是會上癮的。說逃避只是一種心理需求，就像說吸毒也是爲了滿足某種心理需求一樣無稽，我得說逃避跟海洛因一樣都是毒品，而毒品都能讓人上癮。

每次在路上躲開一個人，我就覺得大大鬆了一口氣，覺得心裡的那個大石落了地。他們沒看到我，我覺得很開心。我會對自己說：「OK，下不為例。」但這話我已經對自己說過千百次。

——唐娜．N (Dana N.)，內華達州雷諾市 (Reno, Nevada)

每次逃避完，你會深呼吸一口氣想：「咻，好險啊！」你會覺得舒服，但同時間你也隱隱開始擔心起來，因爲你對這種「舒服」的需求愈來愈大，你這「舒服圈」愈蓋愈大，愈挖愈深，人愈來愈不想出來，也愈難出來。就像上了癮的毒蟲一樣，你開始憎恨起自己的軟弱。

對具有社交逃避人格的個體來說，逃避之後焦慮會下降，進而強化未來繼續逃避的趨向。

——《行為學研究與療法期刊》

辦法？辦法就是立刻開始「戒毒」，讓想逃避的癮頭從你背上下來，讓面對現實的火苗從小小的地方升起。

假設有個有點熟又不太熟的人朝你走來，別假裝你沒戴眼鏡，別假裝你沒看到對方，大方地微笑說聲嗨就是了。當然，萬事起頭難，一開始你一定會覺得全身冒冷汗，但我保證對方的笑容會讓你很嗨，接著事情就會容易一點了。回應會融化你，讓你覺得不躲才對。

走在路上，熟人在前方，我會覺得很驚嚇。可以感覺好一點的祕訣是交錯時打聲招呼，微微笑一下，點個頭，說聲嗨，這都可以化干戈為玉帛，化尷尬為樂活。說了嗨，世界沒有爆炸就算回本，對方如果回應我簡直賺翻，我賺到的不是錢，是如黃金般珍貴的信心。

——庫斯．V（Koos V.），南非普托里亞（Pretoria）

退羞特效藥第15帖：單挑逃避的衝動

遇到讓你緊張，讓你不知所措的人迎面走來，害羞寶寶的反射動作會是假裝自己瞎了，但請你千萬「ㄍㄧㄥ」住。不要東張西望，不要左顧右盼，不要往店裡鑽，也不要往對街閃，不要拉低帽簷，也不要望天無言，以上這些都只會愈描愈黑。不論有多掙扎，都請你掛一個超陽光的燦爛笑容在臉上，用隔天不用上班的心情把「哈囉」射過去，我保證你不會輸，只會贏。

第十四章
不用急著一夜長大：設計專屬於你的「漸進式」療程

是不是很多人說過：「長大就會自然好了。」嗯，這話對嗎？算有點對吧。怎麼說呢？活在世上，經驗愈累積愈多，我們也會學著扮演社會中的某個角色，我們會慢慢知道什麼場合該說些什麼，做些什麼。從這個角度來看，「長大就會自然好了」這句話並沒有錯。

問題是，你眞的想慢慢等著自己跌跌撞撞長大，才慢慢褪去羞澀嗎？人生有多長，可以讓你慢慢長大？活在當下不是這麼建議的吧。所幸你有看到這本書，你可以立刻開始幾乎等同專業的療程，讓自己好好活著；在不吃藥的各種作法裡，本書所教的作法如果說是第二，沒人敢稱第一。

心衛專家把這種作法叫做「漸進式接觸療法」(GET)，縮寫剛好是英文裡「得到」的意思。肯定 GET 療法的一份研究是這麼說的：

> 患有社交焦慮症的個體若能一方面循序漸進接觸害怕的情境，一方面補強社交技巧，最終反映在人際功能表現上的數據遠優於其他臨床療法。
>
> ——《諮商與臨床心理學期刊》(*Journal of Consulting and Clinical Psychology*)

前面說過通往自信的第一個階梯是「停止逃避」，現在我們要踏上第二階，那就是「漸進式接觸」，就是循序漸進讓自己暴露在不同等級的挑戰中，就像要一關一關打怪一樣。請大家一定要專心，現在是你走出害羞的關鍵。**如果害羞的救贖有其生命，那 GET 就是就是它的靈魂**。

「怕東怕西的人都有問題」

雖然心理學與社會學的研究早已證明了一切，但還是有害羞者不相信 GET 的威力。

這有兩個原因。首先，人都是天生的理由伯（婦），不想做的事情我們總是不缺藉口。第二，有些愛譁眾取寵的自封專家把漸進式的療法給神化了，下面我要說一個例子。

有天我手握遙控器轉著轉著，突然被一股瘋狗浪捲走，喔，非也，是我轉到了某台談話性節目。與其說是脫口秀，這樣的節目更像馬戲團，甚至動物園，因為實在太亂了，裡頭一堆各種症頭的人湊在一起，各抒己見。我這天轉到的這個節目主題是身心各有不同毛病的人，男主持人明明無所謂，卻還是把同理心像化妝品一樣掛在臉上，他真正渴望的是非典型的家庭、不正常的情慾，或奇人異士般的身體缺陷吧！我看到哭成淚人兒的來賓隔著電視螢光幕對無數觀眾掏心掏肺，現場的來賓則大呼小叫地要上節目的人自取其辱。我轉到節目的這一天說巧不巧，來賓們的弱點非常特別。

「雷夫怕水蜜桃，」主持人昭告天下，臉上寫著幸災樂禍。

「嗚嗚嗚……，」現場觀察開起汽水。

「他不敢靠近桃子。」

「嗚……，」觀眾噓個沒完，而且聲音愈來愈大。說時遲那時快，一籃桃子出現在雷夫眼前的大螢幕上。主持人用手指了指，說了句（被消音）的粗話，然後大叫一聲跳了起來。接著體重高達一百二十公斤的雷夫衝出攝影棚，而他身後自然跟著攝影師。

觀眾席上是如雷的笑聲。

雷夫被三台攝影機的鏡頭緊迫盯人，整個人困在後台的角落裡。在主持人的煽動下，現場觀眾開始鼓噪起「雷夫，回來！雷夫，回來！」雷夫全身抖個不停，步履維艱地重新就位錄影。

觀眾席掌聲響起。

意有所指地先對觀眾眨了眨眼，主持人問雷夫說：「你爲什麼不喜歡桃子？」

「桃子毛毛的，裡頭又軟軟的，很噁心。」接下來雷夫的聲音小到快要聽不到，他含糊地說到有個女生朋友用的洗髮精是桃子香味。

就在這個時候，兩位豐滿的女助理捧著兩大籃桃子，走了進來。

這一幕帶動了觀眾的訕笑聲漸強。「喔喔，這傢伙慘了！」果然一看到桃子，雷夫就又不行了。這次他往前朝著觀眾跑去，但半途被攔截且褲子給拉了下來。攝影機從後方捕捉到雷夫爬著想逃離觀眾的背影，褲子糾纏在膝蓋附近。

終於無處可逃，雷夫又龜縮到攝影棚側翼的角落裡蹲著。主持人窮追猛打，追上去老實不客氣地補刀：

「你知道你是什麼嗎？你是個『身高一八幾，體重破百二』的膽小鬼！」

這時候可能是老天爺知道我看不下去了吧，電話響了。

專治各種恐懼症，歡迎幽閉、懼高、怕貓怕狗者嘗試，免預約，保證有效。

十五分鐘後我講完電話，滿臉笑意的雷夫手中握著一顆飽滿的桃子，還一口準備咬下。

鏡頭切到一位來歷不明坐在雷夫身旁的「恐懼症專家」，一副德高望重的模樣。面對現場一群準備被騙的觀眾，他說著自己是怎麼用「漸進法」治好了雷夫，還說雷夫這輩子都不會再害怕桃子了。

概念對，時間不對

講述大自然的影片裡，一株花苗破土而出只花幾秒鐘，然後又用兩秒生出枝芽，再來是打開鮮嫩的花瓣，接受陽光的洗禮。縮時攝影可能耗費幾星期，但我們看起來卻只有半分鐘不到。剛才的節目如果賣的是花，那主持人可能會說這產品從種子到開花只要眨個眼。

回到雷夫，雷夫如果想要多一種水果可以吃，那節目上「專家」建議的方法是對的，問題是仙丹也需要時間作用。讓人慢慢適應水溫，慢慢把膽子練大是對的、是正確的，但是一個小時內搞定也太神了吧。

慢慢強化適應的能力，社交處境就不會一再誘發負面的解讀與莫名的焦慮。

——《行為學研究與療法期刊》

事緩則圓

研究害羞長達二十五年的心理治療名師柏納度．卡爾杜奇博士說了一個患者瑪格莉特的故事。瑪格莉特怕蜘蛛怕到出門非實心且加寬的水泥人行道不走，然後扣掉自己家，其他的建築物對她來說都是拒絕往來戶。

療程開始後，卡爾杜奇博士首先要瑪格莉特做一件很簡單的事情，那就是重複寫下「蜘蛛」這個單字。然後隔了數週吧，她得到的第二項指示是找書本裡的蜘蛛圖片來看。這之後又過了相當長一段時間，瑪格莉特終於能從室內的一頭看著另外一頭玻璃箱裡的蜘蛛，這就已經算是一大突破了。慢歸慢，她終於能開始縮小與蜘蛛箱的距離。最終的勝利，是瑪格莉特竟能舒舒服服地端坐在椅子上，看著扶手上的小傢伙爬來爬去。

跟電視上只花一個小時就大功告成，瑪格莉特不知道歷經多少個小時的煎熬，要知道在瑪格莉特的案例裡，第一個小時的她連寫下蜘蛛一詞都會手抖。要是把瑪格莉特的狀況拍成電視，那應該不會是一個小時精采緊湊的單元劇，而會變成歹戲拖棚、百集起跳的長壽劇。不過不同的是，前者眞的是類戲劇，看看就好，但瑪格莉特的會是部紀錄片，貨眞價實。

治療師用在瑪格莉特身上的就是「漸進式接觸療法」。這方法一樣可以讓人從不敢吃桃子變成敢吃，只是需要的時間會長很多。直到今日，在不用藥治療害羞與恐懼症的選項中，「漸進式接觸」仍是成效最顯著的首選。

「漸進式接觸」讓心病患者能循序增加暴露在所害怕處境中的時間與強度，讓恐懼自然發散。過程中個體對於事實的認知會日益接近真實，自處的技巧也能增強。因為不再臨陣脫逃與掩耳盜鈴，個體的安全感也將提升。

——《社交焦慮症：研究與實務》(*Social Anxiety Disorder: Research and Practice*)

請在家盡量模仿

所以要跟害羞說掰掰，第二件非做不可的事情是設計專屬自己的「漸進式」療程，讓你可以面對害怕的人事物，從陌生到熟悉，從熟悉到無懼。每個人害怕的事情都不一樣，所以治療的過程當然也得個人化，就像有些人覺得光從高樓往下看就已經很要命，但也有人不覺得高空彈跳是在玩命，害怕沒有道理可循，因人而異。

很多人擺脫不了害羞，一個原因是他們覺得自己必須「一夜長大」，他們覺得雖然是好多年都做不到的事情，但自己還是應該一口氣完成。很多人可能想著要約心儀已久的帥哥或正妹，或者想抬頭挺胸去跟老闆要求加薪已經想很久了，現在要他們說去就去，只能說談何容易，會拖這麼久不是沒有原因的。

治療師口中有種類似的技巧叫作「淹沒療法」(flooding)，也是要讓人慢慢暴露在害怕的事情當中，但這裡說的淹沒不是要把人淹死，不是要叫你整個人跳進去，你只要先放一隻腳趾進水裡就得了。

至於究竟該怎麼做呢？且容我在此細說分明。

曾經的焦慮：首先寫下曾讓你覺得焦慮過的人事物，包括突然被點名要上台「講幾句話」，活動開始沒多久就尿遁，因爲你發現場中有太多你不想見的人，甚至是你太喜歡的人讓你緊張到舌頭打結，都行。

將至的焦慮：列完過往的焦慮經驗後，開始列還沒發生但你已經在擔心不已的事情，包括老闆要你上台簡報，包括有不去不行但又讓你緊張不已的活動要參加，還是有你必須面對，但又怕沒話可說的人要陪伴。

經常的焦慮：再接下來，寫下一天到晚困擾你的事情，只要讓你雙腿發軟，一張臉慘白的事情都算，不用管是過去式還是未來式。

退羞特效藥第16帖：列出讓你焦慮的黑名單

弄一張清單把讓你覺得胸口碎大石，手汗超級濕的事情通通列出來。儘量寫清楚一點，像是人名這種細節都盡量載明。

你也許會好奇別人的焦慮跟你能不能相比。關於這點，學界調查過有社交焦慮症的人，結果發現最令他們害怕的人事物前三名是：

☼ 陌生人（七〇%）
☼ 異性（六四%）
☼ 權威（四八%）

現在把你列出的恐懼通通放在一起重新排序，簡單的打頭陣，困難些的壓軸。如果要你在人群走來走去的雞尾酒會裡打游擊你覺得還好，但要在喝喜酒的時候排排坐跟旁邊的賓客相處一整晚你會如坐針氈，那就把雞尾酒會放在喜酒前面，以此類推，反之亦然。

退羞特效藥第17帖：分門別類，各個擊破

第16帖藥裡，那些會讓你抖得像剛上岸的狗狗一樣的人事物，請把它們列成排行榜，愈容易達成而獲得成就感的放前面，較有挑戰性的中長期目標放後面。

發揮創意

再來你需要發揮創意，你得提出「漸進式接觸」的詳細企畫，而這正是克服恐懼與羞赧的絕殺武器。看看你表單上的第一個挑戰，將之拆解成容易跨出的各個步驟，把整件事想成是在爬樓梯，拾階而上，你的大腿肌肉也愈發強壯，最後將沒有你踏不上去的樓層。

假設跟權威講話讓你害怕，那上班時坐電梯你就會擔心害怕執行長突然走進來，而電梯裡只有你跟他。你的惡夢就是跟執行長一同困在這個垂直升降的孤島上，你手要往哪兒擺？話要怎麼說？

這樣的你所爬的階梯，長得像下面這樣：

☼ **第一階**：找別部門的主管閒聊。這可以當作跟直屬主管聊天的熱身，畢竟跟不直接管到你的人講話比較沒壓力。

☼ **第二階**：跟直屬主管聊天。熱身過的你應該會覺得這點做起來比較容易，畢竟他們是一樣位階。

☼ **第三階**：跟部門最高主管聊天。跟他自然而然地找些事情來話家常，說些無關痛癢但是不會無聊的事情一來一往，然後當這是你第三關的魔王。

按照上面的序列向上爬，你就可以一步一步往上，最後搞不好你可以集滿所有董事，他們每個人在電梯裡遇到你都會跟你點頭致意。

退羞特效藥第18帖：由淺入深，拾級而上

把第17帖藥裡所列「人類的一大步」拆解成「阿姆斯壯的一小步」，讓遠方的鴻溝變成眼前的水溝。別好高騖遠，原則是每一步都能輕鬆跨過。就算你覺得每一步也太小了吧，也不要掉以輕心，更不能三步併作兩步，頂多你可以步伐輕快些。只要按表操課，你就可以把基礎打得很穩，就更沒有到不了的高點。

你進步的速度可能比瑪格莉特快，也可能比她慢，但你不用把「聊天」寫一百遍，也不用明天就急著找個超活潑的新社團加入，然後超自信地自我介紹。就用你自己的速度，舒服就好，重點是你知道自己不是病急亂投醫，而是走在正確的道路上。

告別害羞的主題曲「一步一腳印」

就像白雪公主身邊的七矮人跟蟲魚鳥獸會唱「吹著口哨勤工作」(Whistle While You Work) 來讓自己工作起來不無聊，你也可以找首「告別害羞」的主題曲來哼唱，讓自己每一步都有信心不卡關。歌詞大意是從平緩的山腳開始，我終將抵達自信的巔峰，即便再高，我也不再害怕，至於旋律看你高興，喜歡古典音樂的儘管哼舒伯特，喜歡鄉村音樂的有小天后泰勒・史威夫特 (Taylor Swift)，喜歡搖滾樂、成人抒情也都可以各擁其主，重點是歌詞一樣就好。至於哼唱的時機，就是你服用每帖特效藥的時候。

沒多久你會發現自己很難被嚇倒。你會笑著、望著原本害怕的人，跟他開心地談笑風生。不論是路人、大老闆、住附近的電影明星，甚至是以前有本事讓你心智年齡瞬間下降二、三十歲的夢中情人，都會立刻成為你談話的最佳拍檔。

愈怕愈死，做者永生。

——馬克・吐溫 (Mark Twain)

第十五章 怪咖的自信暖身操

能源危機下你的生存之道

我們現在要來談去除害羞的第三項祕方，這是任何人想取得任何勝利都必須具備的特質。這項成分在江湖上走跳有很多名號：熱情、鬥志、樂觀、精力、信念、動能、心理素質。我自己是把這東西稱作是人的「能源」，你得有能源，有九五無鉛在你的油箱裡，才有可能衝破難關，問題是害羞者的油箱常常是空的。

「勁量兔」在一般人眼裡魅力十足。美國社會學協會（American Sociological Association）的專家們雖讀過不少書，但也曾納悶著自問：「哪種個性最吸引人？」

他們不久就研究出來了：活力十足外加樂觀。但你應該也想到了吧，活力跟樂觀很難跟害羞連起來。事實上，**研究顯示一個人有沒有自信，害不害羞，最大的差別就在於體能「能源」的高低**。

當我說一個人充滿能源，所指的不是他會像連喝了八杯咖啡的青少年般莫名亢奮，也不是說講話要像社區廣播一樣大聲。我比較希望看到的，一般人比較希望看到的，是一股強大但沉靜的能量，是內心熱情澎湃搭配冷靜的外在。

不論你是想活潑外向，還是自信地曖曖內含光，下面這個乍聽之下很瘋狂的練習，都可以幫助你隔天早上走出家門精神奕奕，不怕任何害羞的挑釁。只要經過這項練習的洗禮，你一定會看來很有自信。而本書下一部分會解釋只要你看起來精神奕奕，舉止充滿活力，那你就自然會覺得信心回來了，不要不相信，不信你可以試試。

這人看起來害羞，聽起來害羞，走路很害羞，那應該就真的害羞吧

你能想像大聯盟級的投手不熱身就上場比賽嗎？搞不好第一局就會四壞球連發被換下去了。不熱身，俄羅斯的首席芭蕾舞伶也轉不起來；不熱身，蘇珊大嬸的高音絕對唱不上去。害羞寶寶也是一樣的狀況。**你必須先熱身，才好「上場」去面對人**。

又是一天的開始，妳下床，刷牙，沖澡，打扮。到了門口，隔壁大叔看到妳，妳說了聲早，但隨即把眼神撇開。嗯，他想，她看起來害羞，聽起來害羞，動作也害羞，她一定是個害羞的女生。

這一天也可以這樣開始：妳下床，刷牙，沖澡。妳不急著換上正經的上班服，頗有戒心地掃視房間一周，然後鎖上了門。接著妳索性把百葉窗也拉了下來，就是不要讓鄰居看到或聽到妳。

當然，妳得小心。如果妳跟別人同住，不論是妳的配偶、小孩或室友，都請先向他們報備妳的行爲會有點怪異。甚至連妳家的狗都要讓牠先習慣妳的作息，要不牠撲上來本書概不負責。做好這一切準備後……

請你一睜眼就像個瘋子

穿著內衣褲在房間裡跑來跑去，揮舞著手臂像是要被抓去殺的鴨子。

拉開嗓門好像妳在超級盃現場。

跳上跳下好像兔子發狂。

學神經病笑。

像龍捲風一樣轉個不停。

摔回床上，雙腳伸到空中踢腿，一邊鬼叫著「哇哩咧，我是神經病，沒錯，誰有意見！」

嗯嗯，現在站起身來，恢復妳的人樣，把皺了的衣服拍拍，換上週末買的漂亮衣裳，頭梳好，早餐吃飽，親老公，親小孩，親小狗。全部跑完一遍之後再精神飽滿地去面對這個世界。

喔，隔壁那位大叔又探出頭來了。可是今天妳準備好了，妳的身體、聲音跟臉部肌肉都已經熱身好了，所以跟他揮手致意一點都不僵硬。

大叔想：嗯，她看起來很有自信，聽起來很有自信，動作有很有自信，那她一定就是個很有自信的女人吧。

退羞特效藥第19帖：發神經有益身心

妳覺得我在說笑嗎？我超級認真的好嗎！死到臨頭的鴨子有多瘋，早起的妳就多瘋，我們來比賽發瘋，比大聲，比誰放得開，比誰先忘記自己害羞。早上起來先爆炸一下，然後再慢慢冷卻下來，效果樂勝掉到低潮以後想再爬出來。

第一次光溜溜跳舞就上手

等早起發瘋變成一種習慣以後，妳可以升級到早起在鏡子前面不穿衣服跳舞，如果這樣弄完妳還有辦法害羞，算我輸妳！

【第四部】
給新手的七種退羞特效藥：不會，就裝到會！

老讀者都知道我深信一件事情，事實上說深信算是客氣了，這件事根本已經是我的信仰、信條、意識型態，是我的聖言。（奏樂）這件事就是：**不會，就裝到會**！

乍看之下，這種說法似乎無啥，女性雜誌或小報副刊裡多的是，但這麼想你就錯了。

這句話可是大自然中亙古不變的真理。古代賢哲對此有過深入剖析，完形心理學 (Gestalt) 為其背書，最近福特基金會行為科學部門所贊助的一支研究團隊，更是文謅謅地確立了這種說法的地位。前面的章節既然已經讓你重新站起來了，現在該是時間把幕簾拉起，讓世界看到嶄新自信的你！記住：**不會，就裝到會**！

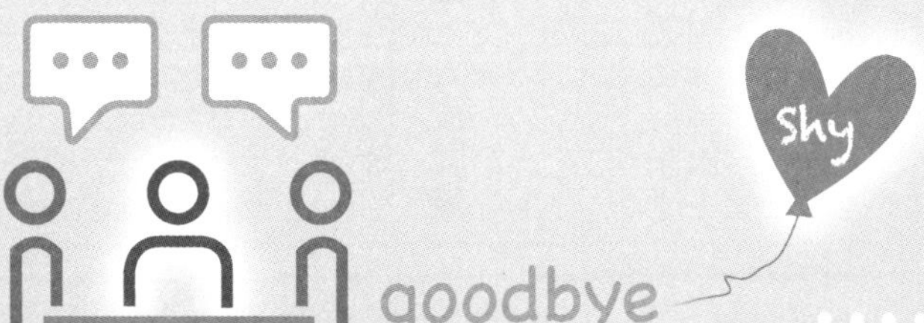

第十六章
上場囉！

有句老話是這麼說的：第一印象不能重來。這對害羞寶寶來說，是個天大的好消息。另外一句話說：**第一印象撐一輩子。這意思是你只要能裝嗨撐過十秒鐘，人家就會以為你是個嗨咖，印象久久不退。**

爲什麼是十秒鐘呢？這是因爲**第一印象的形成就是十秒鐘的事情**。

就算你是圖書館員裡最內向的那一個，嗨個十秒鐘也不算是苛求吧。

偶爾把火開大一點

如果你有好好做功課，每天早起瘋一下的話，你就知道油加滿是什麼感覺。但這並不表示你得一整天都這麼高調，因爲別人不見得會喜歡這種調調，同時一直把氣充這麼滿你也很容易爆掉。折衷之道就是你可以選定一天當中的幾個時候噴發，藉此釋放一下能量。

其中一個不錯的選擇就是剛到工作地點的時候。一進辦公室，你可以盡量放輕鬆，臉部表情也盡量和緩，見到同事都熱情地打招呼。這樣簡單的動作，就可以讓人確認你是屬於討人喜歡的那一種人，活力十足、樂觀陽光的那一種人。

不過你不用一整天都踩著油門，更不用把轉速一直拉得這麼高。早上噴水池表演過一次以後，同事們就已經把你歸檔到有自信跟好相處那一欄裡了，接下來你安靜一點，也只代表你工作時很專注。

我基本上是個很安靜的人，一群人裡也沒多少話可說。我在郵局上班，有個女同事每天早上跟大家打招呼都超熱情的。我看大家反應很好，都很喜歡她，於是我也想試試。我想我第一次是有稍微嚇到同事，但我堅持下去，慢慢大家就比較有回應了，但其實早上嗨過一陣後我還是一樣安靜。

——堤娜．G (Tina G.)，新罕布什爾州康克郡 (Concord, New Hampshire)

「眞高興見到你，我剛中了大樂透！」

能量爆發在跟新朋友認識時格外要緊。假設有人在國際商場上介紹你給光頭的大老認識。「您好，今天有幸能認識閣下。」客套話不難，大家都會說，但同樣的話你可以說得好像你五分鐘前中了樂透一樣。這樣光頭的大老就會當你是號人物，這之後就算你安靜不出聲，他也會當作你在沉潛、在傾聽。

要找到爆發十秒鐘的機會不難，你隨時都可以找到前車較遠的時候稍微飆一下，不論是跟人在走廊擦身而過，接起電話的瞬間，有人向你請益，跟老朋友打屁，還是拍一下新朋友的馬屁，你都可以適時「卡通」一下，給人一種你絕非不行，問題是你現在想不想，這樣別人就摸不清你的底細。

退羞特效藥第*20*帖：十秒鐘護一生

我沒有說嗨十秒鐘很容易喔，先說清楚，但總是比嗨一整晚容易很多吧。再說嗨十秒表示你最多也只能糗十秒，能糟到哪兒去？火星塞適時連續點火，活塞就能一直運轉下去，這就是星星之火可以燎原的道理。等到別人有所回應，你車也熱好了，要再加速就會變得比較容易，這時的你想召喚出氣功的火球就能比較隨心所欲。

第十七章 所以這裡誰管事，你的心，還是你的身體？

身心之間的欲迎還拒

身心有彼此配合的本能，否則人活著就會覺得哪裡不平衡。

一旦你的心裡想著：我很害羞，你的身體就會去配合。而身體一旦表現出害羞的樣子，你的心靈又會想說：我果然很害羞。一輪惡性循環就此成形。

你的身心有一天在聊天。

心靈：嗨，身體，我們幹嘛無精打采的啊？你有話跟我說嗎？

身體：大腦，我是想跟你說，我們很害羞。

心靈：嗯，確實很多證據指向這個結論。我想我們眞的很害羞。

身體：對不起大腦，你剛剛是不是說我們害羞？

心靈：嗯，對啊。看看我們倆委靡的模樣，主人連正眼看人都覺得可怕。

身體：嗯，你說得對。好，既然確定我們害羞，那我就配合你繼續演出害羞好了。

　　臉紅跟口吃我練好久了，乾脆現在拿出來秀一下好了。

身心齊呼：太好了，我們倆眞是合作無間。

身心之間只要能取得共識，我們就會莫名地覺得滿足，即便這個共識好像不怎麼優。心理衛生專家對此有個專有名詞，叫做「認知一致」(cognitive consistency)，而人會本能地去追求這樣的一致。

這樣的盲點我們該如何突破呢？嗯，你有兩條路可以選。其一你可以說服心靈你不害羞，然後讓心靈帶領身體轉變。這條路比較耗時，而且你可能得砸不少錢讓心理醫生去換新沙發，然後健保藥房可能也得常跑。第二條路是**訓練身體流露自信，然後讓心靈跟進，專家們比較推薦的也是這一條路，理由是身體比心靈好搞多了**。我想不用我說你也知道怎樣看起來會比較有自信：**抬頭挺胸、正眼看人、說話大聲、笑**。第二條路走下去，你會聽到身心下面的對話：

身體：嘿，心靈，我們出去玩吧！

心靈：喲吼，好啊，你今天特別帥（正）喔，不出去給人看看簡直是犯罪。

我記得在哪裡讀過說負面的想法會導致負面的身體語言，反之亦然。意思是只要行為改變，態度就會跟著改變。我試著這麼做，我強迫自己走路頭抬的高高的，結果我確實感覺比較有自信了，然後某個點上我發現我不怕看人了，甚至慢慢可以稍微觀察別人。乃至於現在跟人四目相交，已經都是別人先閃而不是我先閃。

——庫斯·V，南非普托里亞

自信長得什麼模樣

自信是一片天空，上頭什麼雲都有，各式各樣，我們只是一本小書，沒有辦法開一章寫成雲朵百科全書，不過我倒是在前作《跟任何人都可以聊得來》裡比較詳細講過信心的模樣。總之在這裡，我就簡單說一下自信看起來大概是或不是什麼樣子，讓各位稍微「解饞」一下。

☼人多的時候，不要站在牆邊或吃個不停。直搗會場中心才能跟大咖混熟。

☼遇到入口很寬敞或是門有兩層的時候，不要從邊上溜進去，請大大方方從正中央穿過去，就像在校閱什麼一樣，那才是有自信的人會做的事情。

☼上館子，除非位子已經按照尊卑長幼排定了，否則主位當然不客氣給它坐下去，權力遊戲就是這樣玩的。

☼椅子有高低的話，寧高勿低，沙發的扶手也是好的制高點，只要不要比老闆高就行！

☼動作要大、要流暢。有自信時人的肢體會占用比較多的空間，害羞寶寶則相反。害羞的人會一副好像「對不起我太占位了」的感覺。

☼手不要放在臉上，身體不要動來動去。

☼因爲同意而點頭時，眼神也要盯著前方，不要看著地板點頭。

☼經過人面前，輕易不鬆開看人的目光。

※男性限定：走路不要像個鬥雞一樣那麼誇張，但要給人領導者般的存在感，手擺動略大，坐著的時候也可以適時把一隻手臂放在鄰座的椅背上。

※女性限定：肯定自己，身體正對著妳講話的對象，不要怕站近一點。凡事自然，笑可以大一點，但不要急。笑太快感覺緊張，慢慢笑比較自然。

※還有應該不用我提醒姿勢有多重要了吧？

熟能生巧，上面這些東西除了牢記在心，還要多多練習。哪天你可以一整天都看起來很有自信，你的心靈就會以爲自己眞的很有自信。

退羞特效藥第21帖：以主人之姿走向世界

要有警覺，別讓自己出現那種「是我不好，主人」的模樣，一有跡象就要趕緊跳出來。肩膀放鬆，往中間靠，制高點或餐桌的主位都是你該待的地方，走大馬路要靠邊，進門不要。動作穩重些，大一些，流暢一些，自信一些，熟練一點。

第十八章 第一次眼神接觸就上手

對害羞寶寶說「眼睛要看人」，就像對吸血鬼說要看太陽一樣。**要是人家看我看他，停下來要跟我講話怎麼辦？要是我人僵住怎麼辦？要是他覺得我很笨怎麼辦？要是他看出來我臉紅怎麼辦？除此之外，大概還有十萬個怎麼辦。「我看我還是假裝沒看到他好了。」**

聽我講這些你應該會會心一笑。不過說眞的，眼睛眞的是我們打敗害羞的急先鋒。有人是好意，他們會說「不敢看眼睛，就看眉毛。」但這樣的說法眞的有點不經大腦，他們有試過跟眉毛能好好講話嗎？又有人說：「看鼻樑。」嗯，這樣傳出去你會被當成鬥雞眼吧？這些我都只能說是旁門左道，不值一哂。

不要想要抄捷徑，眼神接觸絕對是害羞寶寶想要高分畢業的必修學分。

對亞洲的東方人來說，避開人的眼神是一種禮貌的象徵。要是生在亞洲，那或許學著在跟老闆說話的時候頭低低的，像是用眼睛看就可以把鞋變乾淨還說得過去。在美國這片屬於勇者的自由土地上，我們就是得要用堅定的眼神去展現自信、勇敢、領導、冒險犯難等加分的個人特質，不敢正眼看人就表示你欠缺這些東西，甚至還會在旁人眼中顯得狡猾、鬼鬼祟祟、目中無人、可疑、乃至於精神狀態不穩定。一來一往，你現在知道眼神接觸有多重要了吧。

寶貝，你的眼睛好美喔！

我覺得最經典的堪稱小寶寶的眼神，他們無邪的目光簡直可以看進你的靈魂裡，太犯規了。小寶寶的眼神都很有自信，至少我是沒聽說過有哪個小寶寶會沒自信的。他們最常用的一招就是手手握成小拳頭，然後順勢尖叫，他們不會先想說我長什麼樣子再決定要不要這麼做。就算有人用手輕輕地戳他們的小肚腩，他們也不會覺得我嘴巴壞。「你這麼小就有肚子了喔？」就算我傳達的訊息是這樣，小寶寶也不會自責午餐多吃了一罐蘋果醬或桃子口味的副食品。

小寶寶界主流的想法是自己的長相不太確定，但應該都屬於可愛那一派的，也覺得別人眼中的他們就是可愛。所以他們想看你就會一直盯著你，直到他們覺得你有點無聊爲止。「呵啊，」他們小小的心裡會想：「我再來看別的傻蛋大人好啦。」

反過來說，再怎麼害羞的人，也不會不敢直視小寶寶吧，所以你可以找小寶寶練習互看，他怎麼看你你就怎麼看他。眼睛就是眼睛，不論是六個月還是六十歲，不都是睫毛、瞳孔跟虹膜嗎？你要是受得了小眼睛就沒理由受不了大眼睛，不論是青少年的雙眼、董事長的雙眼，還是你想追的人的雙眼，不都只是眼睛而已嗎？

退羞特效藥第22帖：寶寶的眼睛

對於特別不敢看人的害羞寶寶來說（話說有很喜歡看人的害羞寶寶嗎？），一個娃娃學步的辦法是就從娃娃看起。娃娃，俗稱寶寶，有著人畜無害的眼神，可以當作你練習的第一站。當然從看寶寶到看董事長還有一段路，但跟兩歲以下的小朋友互相放電，確實是很好的眼球運動。

喔，對了，盯著小朋友看還是要有個限度，不然被他們的媽媽當成是變態就不好了。

從幼幼班開始往上爬

當有天你覺得一般寶寶已經不是你這個害羞寶寶的對手時，就表示你可以從幼幼班往上升了。你可以去挑戰剛會走的小朋友、小學生、中學生，然後是跟你同年齡的大人。這當中如果順順的那很好，要是卡關的話我這裡有一錦囊。

跳關到長輩圈

很多人會在年輕人的眼神中遇到瓶頸，這時候你可以先按下暫停鍵，跳關到人口金字塔的頂端，去跟長輩們交換一下關愛的眼神。

你可以先從七十歲以上的爺爺奶奶練習起，不論是在等公車還是在排隊買電影票，你都可以隨時隨地用眼神去搜尋城市裡受到冷落的銀髮族。鎖定目標後請你看著他們的眼睛，一方面你可以練習看人，一方面讓他們感受到你的關注，這麼做絕對是雙贏。

高中時的我沒辦法直視人。上課時我總是低著頭眼神不敢亂飄，下課時我會躲到人跡罕至的禮堂後面。只要有人作勢想跟我互動，我整個人就會怕到僵住。有趣的是我跟小朋友或長輩講話都沒有問題，只有跟同儕在一起才會怪裡怪氣。

——史考特·(Scott S.)，南達科他州渥特敦市 (Watertown, South Dakota)

退羞特效藥第23帖：給長者關愛的眼神，殊途同歸

有信心對小寶寶放電以後，但是又沒辦法馬上跟年輕人硬碰硬時，就可以開始試試長臂猿，嗯，是長輩緣。你可以從年逾七旬的長者開始，然後換成六十幾的爺奶，一路向南最終一樣可以到達你的同儕。

搜尋熱切的眼神

通過小寶寶跟銀髮族長輩的考驗後，你就不算初學者了，這意思是我們可以把標準提高一點，開始去挑戰陌生人。相信我，很多人需要你投以熱切的目光。

各種業務員，包括百貨公司的櫃姐，所受的教育訓練都是要對客人笑。你可以利用這一點，你可以幫助他們在工作上得到成就感。只要你把眼神迎上去，我保證他們一定會用他們的雙眼擁抱你。與其在大街上的人海裡撈針，店裡就有一群專業人士渴望得到你的目光眷顧，我想該往哪兒走已經很清楚了。

你想聽成功擺脫害羞的案例。以前的我擠不出笑容，也不敢跟人有眼神接觸。於是我想說我先從簡單的開始，我先去跟我覺得不可怕的人對看。比方說，我上公車時會看一下司機，買東西會看一下阿姨，上菜時會看一下服務員。養成這樣的習慣以後，我跟其他認識、不認識的人也比較敢互看了。

——肯恩．K (Ken K.)，賓夕維尼亞州畢沃佛斯市 (Beaver Falls, Pennsylvania)

退羞特效藥第 *24* 帖：對櫃姐、男店員放電，願者上鉤

男生走進百貨公司，笑著跟一樓化妝品區的櫃姐對看一下，她們一定會覺得很貼心的；女生的話，心情好時去男裝部走走，跟男性的駐點人員放個電，妳應該很難被拒絕。總之，這都是很好的練習，不知不覺你就可以畢業了。

就跟其他帖特效藥一樣，有人盯著吃藥一定會比較好。找個知道你狀況的朋友，抓他跟你一起上街。你們就賭說你能電到幾個人，誰輸誰請吃午餐。

第十九章 保證「眼神恐懼症」藥到病除，一帖見效

我想跟大家分享我曾經心血來潮，突然想去「服務業」上班一陣子，主要是我想跟人多些接觸，結果我選擇了到很遺憾現在已經成爲歷史的泛美航空 (Pam Am) 去當空服員。下面要說的退羞特效藥就是當時的同事和我分享的，我們現在仍是麻吉。

一切的一切都發生在一趟國外航班上，我們剛送完晚餐給兩百名乘客。帶著衣襟上的燉牛肉回到飛機上的小廚房，我這位很敏銳的同事立馬問了我是不是害羞，主要是她注意到我面對乘客眼神有點閃爍，不過她的問法很溫柔，所以我沒有不開心，也老實告訴她我確實是個害羞寶寶。那次航班我們聊了很多，直到陽光透過舷窗射進來，我們已經像是無話不談的老朋友了。

達菲博士成功記

達菲妮絲（簡稱達菲）跟她弟弟一起住在紐約皇后區的「小希臘」，阿斯托利亞(Astoria)的一間公寓裡。有次休假去找她，她跟我說：「萊拉，我覺得我有辦法可以治好妳的『眼疾』。」

「是喔，」原來我的好朋友也是江湖郎中，我心想。「眞的喔？說來聽聽。」

「妳現在注視我，看我的眼睛，我們互看，看誰能撐比較久。」

我們還眞這麼做了，但每次都不長久，而且幾乎都會笑場。

「萊拉，不要鬧了，人家是認眞的好不好。」她氣呼呼地站著。「我是想幫妳耶，不然妳要害羞一輩子是妳家的事，跟我有什麼關係。」

這話震懾了我。於是在又跌跌撞撞地試了十幾次以後，我終於能直直看進朋友的靈魂之窗至少三十秒，不會用笑去掩藏我的不自在。

「哇嗚，妳在哪學會這招的啊，達菲？」

「學校裡啊。我們有堂課教的就是眼神接觸，有天下午教授要我們找個陌生人比肩而座，然後和他四目相交，我們一聽都笑了，但連續一週我們不斷換人看，而且看的時間還不斷拉長，最後甚至長達整整一分鐘。再下來教授要我們開口跟對方聊，而且邊聊還得一邊繼續盯著人看。

「萊拉，我們這樣練習完的結果眞的是，出乎大家意料之外的好。隔週的星期一早上在課堂上檢討，大家都說看著人說話的溝通品質比較好，比較能拉近跟人的距離。」

> 荷蘭的害羞者協會（VVM）成立於一九八八年，一路以來都扮演重度害羞者的救世主。參加協會所提供的課程，每個人都必須修滿「注視」的畢業學分才能結業，過程中連會臉紅或不夠主動的毛病也順便醫好了。
>
> ——《世界新聞回顧》(*World Press Review*)

「嗯，但我們是朋友啊，達菲。跟陌生人我實在是沒辦法。」

她笑了。「妳確定?」前面說過跟達菲同住的弟弟叫尼西亞斯，當時我連他的面都沒見過，算得上陌生人。「阿尼，你下來一下，有件事要你幫忙。」一聲令下，達菲把在樓上的帥哥弟弟給叫了下來。

我抬起頭來說了聲哈囉，心臟「熊熊」已經跳到喉嚨，因爲我叫達菲弟帥哥不是客氣，他是眞的帥，帥到說是小希臘裡的大衛神像也不算誇張。達菲跟弟弟解釋了我們在幹嘛，然後請他配合演出。對我來說，這絕對是個終極考驗，我連普通人都不敢看了，現在竟然要我直接跳到希裔美籍的「歐巴」，眞的是太看得起我了。對害羞寶寶來說，帥哥與正妹是我們的天敵。

達菲說了聲開始，我們菲弟的眼神就像鹿茸，喔不，是像鹿角一樣纏在了一起。然後血液開始像野火一般蔓延我的雙頰，我不是很強的心臟更是跳的跟都更在拆房子一樣。在情勢即將失控的當口，我用大腦命令延腦，延腦又命令眼部隨意肌不准臨陣脫逃，於是經過了客觀上的幾分鐘與主觀中的幾萬年，我臉上的熔岩開始變冷、變黑，心跳也慢慢恢復怠速。

達菲看我冷靜多了，才老神在在地說：「OK，時間到。」帥尼回去念他的書，我則兩手一攤。「天啊，羞死人了！」

退羞特效藥第25帖：好朋友是幹什麼用的

簽生死狀讓朋友放心你沒有瘋，然後請他們幫忙練習「人盯人」。跟你找來的搭檔互看，時間慢慢拉長到一分鐘，然後再開始練習邊看邊聊天。

我保證能做到這樣，跟陌生人講話就是跟人講話，不是要你爬杜拜塔。

透過這樣的練習，你原本覺得很誇張的眼神接觸也會慢慢變得沒啥。對害羞寶寶來說，人的雙眼就像槍管，隨時會有子彈飛出來索命，但請你忍耐一下，天底下沒有不能習慣的槍管，更沒有不能克服的難關。

能撐過最深邃、最深情的湛藍瞳孔一分鐘，普通人就一定嚇不倒你。

說不出的喜歡你

爲什麼彈跳的繩子都綁好了，有人就是跳不下去？爲什麼一雙人人都有的眼睛罷了，你就是怎麼也會自動躲避？看過電影裡人被車撞飛或被拳頭揍飛的慢動作嗎？人騰空而起，聲音整個暫停，主角從高處看著下面的柏油路與自己愈來愈近，卻無能爲力，然後重重地著地。

這就是害羞者的心情，那是一種瀕死的體驗。

我想笑，想看著人說話，我知道我應該，但看人是會痛的，至少心會痛。然後有時候我會擔心自己笑起來很猥瑣，這樣說不定會有反效果。我想超多的，就算勉強笑了也像流星一樣稍縱即逝，想躲起來的引力就像黑洞般將我吞噬。我試過數到三再切斷眼神，但連一二三都讓我覺得是永恆。看人嘛，我怕被誤會在瞪人，但不笑又不看人嘛，又怕被認為我瞧不起人。

——克萊兒．M (Claire M.)，佛蒙特州布魯菲爾德 (Bloomfield, Vermont)

克萊兒有想到可以數到三，這策略是對的。但數數兒很無聊，還有就是光數只能「增量」，不能提升你眼神接觸的品質，而跟所有的溝通方式一樣，眼神接觸同樣應該重質不重量。

你可以試試在看著對方眼睛的時候說「我喜歡你」，但不要眞的發出聲音。這樣做有三個目的：

①心想我喜歡你需要時間，這樣你眼神接觸的基本里程就有了。

②即便無聲，人也很難苦著個臉說「我喜歡你」，這樣就可以顧到你的表情。無聊時你可以試試用尖酸的表情配上溫暖的文字，相信我這有難度。

③「我喜歡你」的內心獨白會自動占據你的心思，讓你無暇去胡思亂想，比方說「他會不會覺得我很怪」這樣的東西就會被自動消音。

退羞特效藥第26帖：看著人說「我喜歡你」（關靜音）

看著人，悄悄在內心說「我喜歡你」，這樣你的眼神接觸的質與量就可以同時提升。當然這只是輔助，健步如飛誰會需要拐杖，時候到了請你把這工具甩掉。

第二十章 笑容要慢，飛機要快，這樣才是對的組合

眼神接觸有了，但是沒配合上持久的笑容，就像可樂味道對但是氣都跑光了。前者沒效果，後者沒爽度。這種等級的接觸連暴露狂都嚇不了人，因爲一切都發生得太快了。

你自己想像中的笑，跟別人接受到的笑，可以是兩件非常不一樣的事情。你覺得自己笑得像是小丑，嘴巴都快裂開了，但別人看到的卻是位蝙蝠俠，什麼表情都沒有外加心情看來超差。

這就像在看棒球。你覺得你的微笑是電視上放慢速度的重播，但別人看到的卻是電光石火的現場比賽，美技撲接就半秒的事情，錯過就錯過了。

你會不會都白笑了？

好，就算持久不是問題，有人可能還是會擔心自己的笑不自然。我就收過一位史蒂芬讀者的信說他有笑啊，但是別人一點反應都沒有。我估計他是犯了一種我以其命名為「史蒂芬症候群」的毛病。史帝芬在信裡是這麼說的：

大學時我沒交過很多女朋友但我朋友不少，後來出社會找到第一份工作之後我搬到波士頓，感覺很孤單，於是我有了想試試看交個女朋友的想法。我會去夜店、去酒吧，會對漂亮的女生笑，但她們從來都不對我笑。想當然耳，我也沒在這些地方交到女友。

後來我調到洛杉磯，我愛洛杉磯，洛杉磯比波士頓友善多了，女生竟然會主動邀我跳舞，我晚上也有了固定去的一個夜店在長灘。一天晚上，有位小姐一邊跟我跳舞，一面問我幹嘛老是那麼憂鬱。被她這麼一問我有點嚇一跳，我反問她我看起來很憂鬱嗎，結果她說她觀察我好幾個禮拜，我看起來確實很憂鬱。我回想一下確實有其他好幾個朋友跟我說過一樣的話，於是我決定努力看起來開心一點，搞不好很多時候我以為我看起來還好，但其實別人眼裡已經把我歸類成憂鬱小生了。

——史蒂芬．S (Stephen S.)，加州洛杉磯

我沒見過史蒂芬，但聽起來的狀況應該是他覺得自己在微笑，但女士們並不這麼認爲。

其實這種狀況不難解決，我們只需要足夠的光線跟一面鏡子。你可以人在浴室裡把燈打亮，怕家人看到覺得奇怪的話可以把門鎖上，然後請你拿出點模仿藝人的喜感，想像香蕉山上的猴子會有多開心，然後對著鏡子裡的自己開心地笑、微微地笑、性感地笑、悲傷地笑、酸溜溜地笑、猥褻地笑、怕怕地笑。

最後再以自以爲是的冷笑跟堪稱做作的假笑作結。爲什麼呢？因爲你得知道自己這樣亂來的時候**內心是什麼感受**，這樣你才可以在重要的時刻避免自己無心露出這些不討好的表情。

退羞特效藥第27帖：對著鏡子練鬼臉

你很可能不了解自己笑起來是什麼模樣，你需要由外而內、從左到右，從各種角度去觀察自己的笑容。想辦法去感受一下微笑跟扭曲的笑差在哪裡，去弄懂你什麼時候笑起來像色狼，什麼時候笑起來像癡漢。只有知道這些扣分的表情對應著什麼樣的心情，你才能打造出陽光般讓人卸下心防的無敵笑容，哪天眼睛有戲就表示你成功了。

不要光對著臉笑，要對著心笑

練習眼神接觸要由淺入深，練習笑也是。你可以先拿家裡的貓咪或狗狗或金魚或寶寶練習，牠／他們都最不會潑你冷水，覺得不錯以後再進階到公車上慈眉善目的老太太或巷尾不太說話的老伯伯。這樣做可以說是雙贏，你可以培養信心，動物跟長輩可以得到關心。

記住，即便是老太太也有顆少女心，老伯伯也有壯志雄心，你給他們的笑是一把鑰匙，可以讓他們「開心」，讓你看到他們的內心。

退羞特效藥第28帖：用笑與人交心

為免你覺得我太噁心，且讓我稍微說明。所謂交心，是要你去觀察人特別、有趣或善心的一面，專注在他們的優點上然後發自內心地笑，自然地笑，找好理由再笑。去銀行存錢時看到的那位女士有個超可愛的小朋友嗎？你可以為此對她微笑。天冷，客運的運將打了個噴嚏嗎？你可以給他會心的一笑。有人對你笑嗎？禮尚往來是一定要的，記得回人家一個大大的笑容！熟能生巧，笑也不例外。

事實上，你可以把笑當成在玩。你可以數數看今天自己笑了幾次，然後隔天試著超越。

讓笑變得像實境秀

最終我們應該讓笑進入生活，讓你成爲「笑」的實境秀主角，也就是你不懂應該對陌生人笑，更應該對認識的人笑。首先你可以對你不害怕的熟人笑，像是公司裡的實習弟弟或妹妹；再來是你有一點點害怕的人，比方說同事或長得不錯但不是你的菜的帥哥或美女；最後你就可以挑戰上司，然後是上司的上司。反正按部就班就是這麼回事，你懂的。**笑是你的武器，一關一關破完就可以單挑魔王。**

第二十一章 不笑，就得冒著被誤認為自大狂的危險

我們知道人爲什麼會得水痘，得水痘是什麼感覺，多久會好，需不需看醫生。沒有人會因爲看到你臉上有紅色痘痘就說：「那些紅紅的是什麼東西啊？」但害羞沒有症狀，至少沒有像水痘那樣明顯的症狀，沒人會注意到你頭暈目眩、噁心想吐、全身麻木、汗滴如豬，嗯，是滿臉汗珠。他們只會覺得你這人好糟喔，講話不看人也不笑，超沒禮貌的，他們不但看不出你害羞，還會誤以爲你目中無人。

有人會把害羞的人當成傲慢，這真的是天大的誤會，因為真相正好相反，真相是我們比誰都還更在乎身邊的每個人。就以我來說好了，我超擔心自己說了什麼會被誤會或說錯話傷到別人，所以我才不敢開口。

——溫蒂．T (Wendy T.)，明尼蘇達州立托佛爾斯 (Little Falls, Minnesota)

「誰？我？目中無人？」

我們來比較一下。自大狂不會先打招呼，害羞的人也不會；自大狂不會叫人的名字，害羞的人也不會；自大狂不會跟大家一起玩，害羞的人也不會；這樣說起來，很多人把害羞的人當成是自大狂，好像也是剛好而已。

這道理我要是大學就知道，我就不會那麼多個晚上翻來覆去睡不著了。大一的時候，我曾經瘋狂愛上美術課堂上的一個大帥哥。札克是法國人，他老家在巴黎。我每天幻想著他頭戴文青的毛帽，置物籃裡放條長長的法國麵包，腳踩著腳踏車在巴黎市區裡美化市容，我的夢想是跟札克在塞納河岸邊當一對新橋戀人，熱切擁吻。（勿戰地域成見，感覺上要談情說愛，巴黎新橋就是完勝八里的關渡大橋）。

我喜歡他說話的樣子。從我還是個少女開始，外國口音就是我的死穴，一聽到我就會腿軟，當時我並不知道有口音可能代表一個人的英文不是很好。總之，我只能從畫架後面鬼鬼祟祟地偷瞄他，因爲我太害羞了。

美術課之後我們都得到學校的另外一頭去上化學課。下課鐘一響，我會趕緊把畫具收一收，開始用跑百米的速度去化學教室，這倒不是因爲我對化學有什麼早熟的熱愛，而是因爲我怕我不快一點，就得變成要走在一起，到時候我乾的要死會很尷尬。

有次好死不死，我氣喘吁吁但還是聽到後面有腳步聲追上來，然後我聽到了有人發出像在漱口般的法式英文。

「莉拉、莉拉、莉拉。妳走遮麼快乾什麼？」

我像是草原上的跳羚被獵豹盯上一樣瞬間僵住，話就像卡在瓶底的番茄醬一樣，怎麼也弄不出來。

札克追上了我，丟出了這麼個問題給我：「莉拉，我們妹天都走通一條路，膽妳老師在多我，你很套燕我嗎？」

「嗯，對啊，喔，我是說不，我不討厭你。」

「嗚啦啦，是嘛，既然妳不套燕我，」他繼續用很誇張的法式英文說，「那從今天開始，窩們化學課都一奇走過去號嗎？」聽他這麼提議我心跳超快的，我覺得他應該可以聽到我胸口在震動。接下來的幾秒我們全身都只有兩腿在動，他臉上笑著，我則是內心在嘶吼。最後我竟然激動到眼眶泛淚。

「莉拉，妳者麼了嗎？」札克顯然不解我的眼淚從何而來。

這時候我眞的忍不住了。我脫口而出：「人家害羞啦！」

「對不起，妳說你診樣？」

「害羞，害羞啦！」我啜泣起來。

他順勢把手放到我的肩膀上。「莉拉，聽妳這麼說，我很開心，因爲我一直以爲妳奏那麼快是因爲套燕我。妳不要勝氣喔，我還以爲妳是美國同學說的『置大鬼』。

「置大鬼？」他的口音終於把我難倒了，我用沙啞的聲音向他確認。

札克也笑了。「喔，漬大鬼？自大鬼？」

眞相大了一個白，原來札克以爲我瞧不起人！

笑是給人看的，不是爲了自爽

害羞寶寶比有自信的人敏感很多，他們特別怕說錯話貶低人，讓人覺得受傷。同時多年來你可能每天告訴自己「不要那麼害羞好不好！」，因爲害羞實在太痛苦了。

把鏡頭轉成自拍模式，從別人的角度來想這整件事，把內心的獨白改成**「我得對人笑，笑是為了別人，不是為了自己。不笑，別人會以為被無視或打槍，這樣對人很不體貼」**。

我最慘是高一的時候。小高一的我害羞到完全不敢看人，跟人講話我永遠都是低著頭，所以有時候我走路根本不知道旁邊有誰，結果很多人都以為我驕傲，所以我朋友很少。

——索尼亞．P（Sonja P.），華盛頓州西雅圖市（Seattle, Washington）

退羞特效藥第29帖：笑是對別人的義務，不是你想笑才笑

放大格局來看你的害羞。講話不看人、眼神閃爍、臭臉、沒笑容或不打招呼，這些狀況只會讓人覺得你瞧不起人，而且你也不能怪人家誤會你，沒有人看到這些情形會第一個想到害羞。你覺得別人應該怎麼想，就應該怎麼樣相應去做，只要你臉上帶著微笑，別人自然不會覺得被冷落，也自然不會把你想成壞人。

能欣賞人、讚美人，代表你是個有信心的人

沒辦法一整天發自內心給人大大的笑容嗎？我這邊有一個辦法簡單又有效，那就是想辦法去讚美別人。認眞找找別人可以誇讚的地方，也許是一條高雅的項鍊，也許

是一件帥氣的襯衫，又或許是一身完美的搭配，認眞找的話不會沒東西講，而會欣賞別人、讚美別人的，絕對不會是個瞧不起人的人。

退羞特效藥第30帖：用讚美去避免誤會

打敗害羞是長期抗戰，一開始你或許還沒有辦法讓大大的笑容始終掛在臉上，同時還讓人覺得很誠懇。這時候我們有一個補強的辦法就是對人不吝於讚美。讚美人就是在告訴人你也許不是那麼熱情，但你也絕對沒有看不起人！

人帥或長得正，對害羞寶寶來說反而是扣分！

害羞寶寶如果長得好看，被誤以爲傲慢的機率會大大升高。別人很容易想當然耳你長得好看，是天之驕子，所以不把別人當回事，別人在你眼中都是醜八怪，你連看都不想看。

我大學的時候照三餐被人誤會。感謝爸媽把我生得好看，但也因此很多人誤以為我很傲慢，對我很不爽，但其實我是害羞。最慘的是我知道自己的問題就在外表，也努力想改變，但我實在是不敢跟人講話，有次我經過班上的一群女同學，我聽到她們在說的正是我自以為漂亮就目中無人，天啊！我真是欲哭無淚。

——妲玲．N (Darlene N.)，加州洛杉磯

記住，害羞界的帥哥美女，你比宅男普妹被誤會的機會更大，所以你對人也應該加倍友善。

第二十二章

破釜沉舟，誓死成功

三振出局說的是棒球，不是害羞

前面介紹了那麼多方法要是沒有馬上見效，請你不要苦笑，你應該繼續咬牙撐下去。前面的方法沒有一樣是人類能力以外的事情，請你向天發誓會努力到成功爲止。這道理我很早就懂了，但我還是希望自己當初能做得更好，更死命去做一點，這樣我可能更早就擺脫害羞了。

十二歲的時候我超怕講電話的，不是有點怕喔，是怕到極點！不要說電話響，光是經過沒有動靜的電話我都會特意走快一點，蜷曲的電話線就像毒蛇，一副蓄勢要咬我的感覺。

電話要是響了我更是會掉頭就跑，我最常躲的地方是浴室。有時候我會衝進空空的浴缸，假裝自己在洗澡。雖然我當時才十二歲，但我也心知肚明這樣有多可悲，一個好好的女孩子衣服穿著在浴缸裡皮皮挫，怎麼想怎麼怪。

每晚我都會上演的祈禱是：上帝啊，請讓我不要再害怕電話了。有天晚上祈禱以後，我夢到我又跑到浴缸裡瑟縮著，然後突然間浴室的牆壁塌了下來，就好像每片瓷磚都是擴音器一樣，我開始聽到杜比環繞音響說著：「我的孩子，你要先幫自己我才能幫你。」醒來以後我全身冷汗，但也決心要振作起來。

隔天早上我走下樓梯，感覺像是個受上帝感召的天使。我隨手拿起電話撥了一個號碼，又隨即掛上。

我又試了一次。通了……掛掉。

再試一次。通了……。

沒人在，我鬆了口氣，以勝利者之姿轉身離開。

我並不是自我感覺良好，我真的贏了。雖然電話沒人接，但我方向對了。可惜不是每個害羞寶寶都可以這樣正向思考。一次沒成不代表永遠做不成，這當中沒有任何的邏輯關係。不要躲在自己的小天地裡覺得自己一定走不出來，成功始於奮鬥，終於不懈。

我是個佛羅里達小孩，因為害羞所以朋友不多。但我家附近的路又寬又直，所以我不知不覺中成了直排輪的高手。後來我家搬到亞利桑那，街上就不好溜直排輪了。鳳凰城不是沒有溜直排輪的場地，但我害羞不敢在一堆人面前溜。我去過一兩次，但實在太恐怖我就打了退堂鼓。就這樣我一年沒直排輪可溜，實在很痛苦。最終我只好勉為其難去溜，結果是好的，我被選進了代表亞利桑那州參加直排輪直線競速的女海盜隊(Arizona Roller Derby Surly Gurlies)，這比賽很多肢體碰撞的，害羞可不行！

——貝伯絲．B (Babs B.)，亞利桑那州錢德勒(Chandler, Arizona)

萊拉vs.電話，第二回合：我打了幾通無關緊要的電話，問雜貨店幾點開門啊，問公車站幾點發車，還有就是問百貨公司有沒有賣某個牌子的拖鞋。

第三回合：兩個禮拜後，我自忖準備好打通眞正的電話了。我心愛的暹羅貓路易無精打采的，我打了通電話跟獸醫預約看診。

後來路易成了隻人瑞貓，也還好當時我克服了電話障礙，要不然路易的小命就不保了。

謝謝祢，上帝！祢要我先幫自己我做到了，而祢說會推我一把也沒有食言。

「嗯，這個有點難我先跳過。」

遇到特別大的難關，不要想說我先跳過等會再回來。因爲本書框起來的每付特效藥，都是吞得下、做得到的，我身爲作者都已經評估過可行性了。你不用照著我的順序做，但遲早每項都要做，所以你排好自己的順序後就不要推拖了，早死早超生。過程中的失敗都只是預賽的失敗，預賽失敗爲決賽成功之母。

你應該聽過「入圍就是得獎」，聽過「雖敗猶榮」，也聽過「我輸了，但是學到很多」。你去跟李奧納多．狄卡皮歐或奧運的第四名講這些，我相信他們一定聽不進去，但這觀念是對的。遇到困難失敗很正常，不用沮喪，調整好呼吸重新來過，今天不行明天再重來，只要還有一口氣在就沒有放棄的理由。

退羞特效藥第31帖：不要閃躲，不要退縮，別怕一時失敗

遇到難關不要心存僥倖，心存僥倖你就會想把該完成的功課跳過去，不要擔心，擔心你就容易放棄。逃避這個黑洞有著難以言喻的重力，一陷進去你就別想逃離。

要建立信心，你必須完成本書交付給你的每一項任務，每付藥再苦你都得吞了。你可以按自己的速率和順序，堅持到底，一步一腳印，每天都是新的開始。

現在做不到沒關係，要相信自己有天做得到。

——喬治．巴蘭欽（George Balanchine）[1]

1 一九〇四－一九八三年，美籍俄人，現代芭蕾中期最重要的代表人物，也是二十世紀最偉大的編導大師之一，擔任紐約芭蕾舞團總監達三十多年，編排了數百部作品，把芭蕾推上一個全新的藝術殿堂。

【第五部】

四付退羞超級特效藥：善用「匿名性效應」

這裡四付特效藥系出一個較不為人知但非常強大的原則。服下這四付藥，你將能不拘場合和人互動良好，也不怕別人說你什麼，因為他們根本會弄不清楚你是誰，你會像試穿衣服一樣換上不同的個性。這個千錘百鍊的原則就叫作「匿名性效應」(anonymity effect)。

對超級害羞的人來說，暫時的匿名是天大的福音。

——菲利浦·G·金巴度

我曾經在長途客運上跟陌生人比鄰而坐，他們跟我分享了很多人生經歷，有時候甚至是不可告人的，連他們親友都不知道的祕密。他們唯一沒說的就是姓名，對著不知道他們姓名的人，很多人什麼都敢說。

第一種超級無痛退羞特效藥跟真正的面具有關，第二、三種是要你在內心戴上面具，至於第四種則是要脫下心裡的面具讓人看到真正的你，乃至於你內心深處想成為的自己。

第二十三章
戴上面具

害羞最大的痛苦源自擔心別人怎麼看你，所以要是沒人認得你，跟人互動就沒有那麼恐怖了。你可以隨心所欲，暢所欲言，完全不用擔心被誤會或別人對你會有偏見。

「我是誰？我是某某某。」

從這樣的認知出發，一位世界級的害羞專家用「面具」讓他一位重度害羞患者的病情有了長足的進步，這位患者就是菲利浦・金巴度的弟弟，喬治・金巴度（George Zimbardo），就叫他小金吧，小金害羞到家裡有客人來他就得躲起來，另外在學校他也很慘，不敢看人，也不跟同學玩。

哥哥菲利浦．金巴度（大金）想到一個辦法。大金建議小金玩一個遊戲，就是把紙袋套在頭上，只挖洞露出眼睛跟嘴巴，小金欣然接受了這個提議，甚至願意頭戴紙袋去上學。老師同意配合，還表示會跟班上同學溝通這個「遊戲」。其他同學問小金是誰，小金會抬頭挺胸說：「我是無名先生。」

紙袋所提供的匿名性讓小金放下了自我，一整個學年都跟同學們玩得很開心，甚至連年終的才藝展他都戴著紙袋參加。

匿名的力量還不僅止於此。隔年小金以本來面目示人，而且在才藝展裡領銜演出主角。進入中學後，小金已經有了好幾個很親近的朋友。高三的時候還選上了學會的幹部。

別緊張，我不會要你們每天戴著面具走來走去，我只是想告訴大家匿名對改善害羞是有用的。對著不知道你是誰的人，講起話來一定會比較輕鬆容易，而且你還可以從中累積不少寶貴的溝通經驗，就像小金一樣，你很快也可以把紙袋拿下來。

所以剛好有機會，比方說遇到學校辦化妝舞會，或是萬聖節有活動，你都可以好好利用。

今晚輪我扮兔子

對我來說，這樣做的效果非常好。還在幼稚園當老師的我有年遇到萬聖節，校長要我們晚上帶小朋友去要糖果，這讓我頭皮發麻，因爲想到要去敲陌生人的門，還要一邊想辦法跟街坊鄰居鬼扯蛋，一邊讓小鬼頭們七手八腳地劫掠糖果，我眞的躁鬱症都要發作了。問題是這種事我不可能跟校長說不幹。

正在煩惱之際，我在一家店裡的萬聖節專區裡採購飾品與假南瓜給班上開派對用，逛著逛著我瞥見牆上有面具，於是我靈機一動，我可以蒙面去啊！蒙面別人就認不出我來了。

我是對的，那晚裝扮成兔子的我非常自在。我跟叔嬸姨婆們在他們的庭院前天南地北地聊，小朋友的糖果也是有多少拿多少，賓主盡歡。有一兩次我聊得太開心，甚至把面具拿了下來，當然以眞面目示人還是讓我覺得有點緊張，也還是有點不太敢看對方，但總是有突破了。隔年我已經可以「素顏」帶小朋友去夜遊。

去年夏天我在一家外燴公司上班，然後公司規定我們都要穿特殊的制服，好看起來像是老派的侍應生、廚師與女傭。我拿到的是法國小女傭的一整套衣服，裡頭有蓬蓬短裙加高跟鞋。可能是驚訝過度，我只顧著穿上制服，而忘記要害羞了。我不擔心的原因可能是外燴的客人我橫豎不認識，就算認識，我穿成那樣他們大概也認不出來，那跟我平常的形象實在差太多了！

——珊卓．V (Sandra V.)，密西西比州萊辛頓市 (Lexington, Mississippi)

退羞特效藥第32帖：匿名練習，效果可期！

別錯過化妝舞會或萬聖節派對，而且要把自己弄得「不成人樣」，讓認識的、不認識的人都看到你不知道是你。用你所扮演的身分示人，自我介紹說：「嗨，我是蜘蛛人。」或「哈囉，我是精靈教母！」或「你好，我是哥吉拉。」如果你不喜歡這樣「假鬼假怪」，你也可以報上像真名的假名。總之，只要能不當你自己，一切都好談，匿名的狀況下你可以把所有的社交技巧拿出來好好練習，效果絕對可期。

當然，你不可能常常有機會戴面具，又不是阿湯哥出任務，所以一年之中的另外三百六十四天我們要怎麼辦呢？匿名性練習放著就都不能用了嗎？

第二十四章 「需要什麼服務嗎？」，兼差幫很大

按照本書一貫循序漸進的道理，你可以從幾乎遮全臉的「蝙蝠俠」進步到只有眼罩的「羅賓」。嗯，這要怎麼做呢？你要做的是跟人互動，但互動的對手所看到的你，並不是全然眞正的你。

你可以去兼差當櫃檯、快遞、少爺或任何需要跟人有大量互動的工作。你可以在上班的時候好好磨練自己的眼神接觸、笑容與說話技巧。這樣做的好處是你的私生活不會暴露在外，客人不會在乎你私底下的個性好壞，他們只看你服務好不好，動作快不快，停車技術到不到位。

在高中或大學階段我都打過工，我在藥妝店當過收銀員，也在油膩膩的簡餐店裡送過餐點，甚至美髮沙龍裡的頭我也洗過。每經歷一份工作，我跟人的互動就愈多，而且這些人不會管我個性好壞或外表美醜，我只是 nobody，負責找錢、點菜或按摩的小妹。

說到洗頭按摩的小妹，我還蠻喜歡跟來做頭髮的貴婦們聊天，也許是因爲在沙龍裡大家都很香，加上她們上了一堆捲子又聞起來有湯髮液，叫人想跟她們賭氣都很難。總之，在美髮沙龍工作洗掉了我不少害羞的感覺。

如果你平日忙到沒時間兼差，那就利用週末，週五晚上或週六、日很多餐廳或店家都需要額外的人手。跟人簡單對話就能強化信心。「中熱美要加糖或奶精嗎？」、「套餐要加薯餅嗎」、「內用還是外帶？」、「自用還是送人？」、「要包起來嗎？」、「你要三千的整新品還是一萬的原廠件？」這些問題都可以幫助你取得自信。

我算是個大個子，一百八十公分不說，站到秤上更足足有九十公斤，而大個兒害羞特別慘。我有個兄弟是夜店老闆，一晚我接到他打電話來說他的保鑣沒來，要我去代班。我去了，而且我那晚沒有一丁點害羞的感覺。代班時我在客人眼裡就是個「保鑣」，不是什麼佛列德（我想他們根本不知道我叫什麼）。

我後來週末偶爾會去代班，害羞也有好轉。

——佛列德・H (Fred H.)，馬里蘭州巴爾的摩市 (Baltimore, Maryland)

退羞特效藥第33帖：兼差幫很大

利用晚上或假日去找份跟人需要互動的兼差工作。讓自己處於一個角色扮演的狀態，百貨櫃姐、市調專員、計程車司機，或任何你的表現說明一切，私生活沒人care的狀態。這種「幾乎是我但又不是我」的練習很有實戰的臨場感，但又可以全身而退不用擔心。

如果兼差對你實在不可行，下一章是你無痛的替代品。

第二十五章 隱形斗篷：我不是在地人

這章的精髓就是：「對不起，我不是在地人，所以在此地出再多醜都沒關係，反正在地人不會在意。」只是這句話太長不能當成標題。

「對不起，我是來玩的。」

退羞特效藥第16帖藥請你按嚴重程度列出的焦慮清單，拿出來看看。假設它長這個樣子：

☼ 在路上問陌生人事情。

☼ 光逛不買，怕店員不高興。

- 跟不認識的人四目相交或微笑。
- 被迫跟陌生人聊天一段時間。
- 跟人互嗆或起口角

清單收到口袋或包包裡，上車去最近的，絕對沒有人會認識你的城市。然後就像要去賣場購物一樣，把清單上的事情都做一輪。以上面的清單為例，你到鎮上要做的事情如下：

- **向人問路**。隨便跟五個人搭訕問路，怕人家覺得怪的話，可以拿著地圖或裝成迷路的樣子，這樣別人會比較想幫你。這件事做一小時。
- **試穿東西**。找個家店，挑三雙鞋套套看，但最後不買。這也弄一小時。
- **對店員笑**。去百貨公司跟每個櫃台的人員微笑放電，其他來逛百貨公司的客人如果順眼也可以順便。假裝是來買東西，到處翻翻看看，這個行程可以排兩個小時。
- **請店家推薦商品**。找家藥局問藥師哪種藥膏治碰到有毒植物的傷口最好，一家一家問，一小時。

請老闆推薦午間特餐。中午吃飯時間走進館子，請老闆或服務生介紹一下菜單，把料理問個仔細，這樣一弄就是五分鐘。

跟同行的乘客攀談。在巴士上向隔壁的乘客攀談，想辦法撐十分鐘，若需要轉車就再來一次，每種交通工具都這樣搞。

你可以自己再補充一、兩個小時的溝通課程，累積到八個小時就可以收工了。這樣「遊學」回來以後，我跟你賭你一點進步都不會有，你覺得是我傻還是你傻？

你可能會想：「出門在外，要是有人問我名字怎麼辦？」我這麼說吧，女人可以謊報年齡，漁夫可以謊報抓到多重的鮪魚，你謊報名字為何不行？反正治好你的害羞才是此行的重點，其他的東西都可以寬容一點。

退羞特效藥第34帖：巧扮異鄉人

直奔隔壁的陌生小鎮，當個無名的異鄉人。這樣做更勝戴面具，因為「遠走他鄉」被認出的機會更加微乎其微，所以你可以把平常讓你很困擾的狀態通通拿出來演練看看，你可以放膽跟賣東西的人講話，向人問路，或是拿著菜單拷問服務生。經過客場的歷練，你回到主場一定會有更好的表現。

第二十六章
妝扮成你的偶像

每個人早上都會面對自己的衣櫥，睡眼惺忪地在內心想說：「嗯，唉，今天要穿什麼呢？」有句話說「人如其食。」，吃的選擇反映了我們是什麼樣的人；同樣地，穿的選擇也向世界傳達著我們的個性。

跨國公司的大老闆想被人當回事，會選擇深色的整套西裝；女子想顛倒眾生，會穿得曲線畢露展露本錢；孩子們想要酷，就會做時下年輕人覺得屌的裝扮。

穿衣可以改變心情

你早上在衣櫃前自問的那句：「今天要穿什麼呢？」其實你沒有形諸於文字的問題是：「我今天的心情如何？」

我用關鍵字「我覺得」搜尋了所有害羞寶寶寄給我的信，結果我發現都是些負面的字眼：我覺得我很無聊、我覺得我很笨、我覺得我很蠢、我覺得低人一等、我覺得自己沒價值、我覺得自己是馬戲團裡跑龍套的怪胎。

如果你也是這樣覺得，那麼每天早上站在你的衣櫃前，你就是下意識在跟自己說：「讓我來找件讓自己看起來無聊、笨、蠢、低人一等、沒價值，又像馬戲團裡跑龍套的怪胎的衣服吧！」，然後你的手會自動伸向這類衣服，接著你就會一整天穿著這樣的衣服在外面跑來跑去。

穿上「看我」的衣服

那你該怎麼辦？你應該重拾小時候玩衣服搭配的熱情。「我想當公主」、「我想當海盜」、「我想當警察」，話畢小朋友就會身體力行把這公主裙、海盜頭巾跟警察制服給穿戴上去。

就是這樣。**你早上穿衣服的時候就應該告訴自己：「我覺得很有自信。」把你覺得**

自己穿起來最帥最美，最能凸顯你優點，最能讓你看起來有精神的襯衫或洋裝當成盔甲穿上。行有餘力的話還可以動點腦筋讓搭配看起來好玩或「微招搖」，讓自己走在路上會讓人轉頭行注目禮。

這年頭，時尚已經無需受限於性別、年齡與想法的限制。男生想穿悲慘世界裡尚萬強的披風，就穿吧；女生想穿性感的高跟羅馬鞋露出花錢修得漂漂亮亮的腳趾，就去吧！手頭緊，那就從庫藏的飾品中發揮創意，把舊衣穿出新意，沒有醜女人只有不肯動腦筋的女人。一條絲巾可以輕纏秀髮也可以繫於粉頸，變化存乎一心，端視你的思緒，**你的思緒要說著：我很滿意自己**！

養成習慣，你會慢慢驚異於穿衣可以帶給你目光與自信。

說真的，不要再自欺欺人了，穿的好看一定是可以給我們的自信加分的，所以對自認沒有信心的人來說，治裝費是幾乎不會輸的投資。不然〇〇七穿成那樣是在穿心酸的嗎？

——狄米崔．D (Dimitri D.)，希臘雅典 (Athen, Greece)

當然，穿衣看心情也看個性，沒有兩個人的品味應該一模一樣，我相信狄米崔想學龐德一定有他的道理跟自信。

退羞特效藥第35帖：靠裝扮丟掉枯燥，拋開無聊

想像一下你是尼歐，你連上母體後，投射出的自我長得是什麼模樣？油頭？嘻哈？拘謹？龐克？華服？低調？

勝利無可取代，自由也是。在自由的土地上不妨礙別人，你想當誰都沒問題。想想你要當誰，就去當！花點錢買衣服是小事。

我跟老公結婚已經十八年了。去年七月有天晚上我們去外面吃飯，我跟平常一樣穿了件超高領的襯衫。到了餐廳他們有室內跟戶外的座位，我們選了外面。襯衫下我穿的是胸罩跟襯衣，後來因為很熱我解了襯衫上面的一兩顆扣子。我先生看到我的乳溝，眼睛立刻為之一亮。他說：「老婆，妳身材很好也，幹嘛老是包得像顆粽子一樣。」被他這麼一激，我不知是怎麼地順手褪下了中鋼尾牙會送的襯衫，只剩下裡頭單薄的襯衣，說也剛好那時候就流行輕薄寬鬆的女性上衣，所以旁邊的人都沒有注意，但我先生眼睛很利，一下就看到了。吃完飯回家我們第一次炒飯沒關燈，因為我突然不覺得尷尬了，而且我先生這天也格外勇猛，讓我不全力應戰都不行。如今我在家都穿著小襯衣跟內衣就走來走去，也開始會買些比較性感的衣服，這樣的改變真的讓我有自信多了，我對自己的身體也不再像以前一樣閉俗。出門穿辣一點對我來說已經不是禁忌了。

——唐娜．I (Donna I.)，密西根州修倫港 (Port Huron, Michigan)

早該這樣了，唐娜，繼續保持！

【第六部】

給重度害羞患者的良心建議：砍掉重練

這樣的標題好像狠了點，我先道歉，但你想聽好話還是實話？我希望你知道我說這些是希望推你一把，讓你走出害羞的象牙塔。

美國心理學協會（American Psychological Association）的報告顯示，害羞患者不論再優秀，在職場上都很容易吃大虧。這份叫做《社交恐懼症與職業適應的困難》（*Social Phobia and Difficulties in Occupational Adjustment*）的報告並非道聽塗說，而是引用了數十份國際知名的害羞研究。

總之，這報告下了一個結論，那就是害羞的人可能很有才華，但也很可能被低估而拿不到應有的高薪，或是爭取不到學以致用、一展長才的良機。到了中高齡，害羞的人在職場上也比較可能難以為繼。

那是很恐怖的。

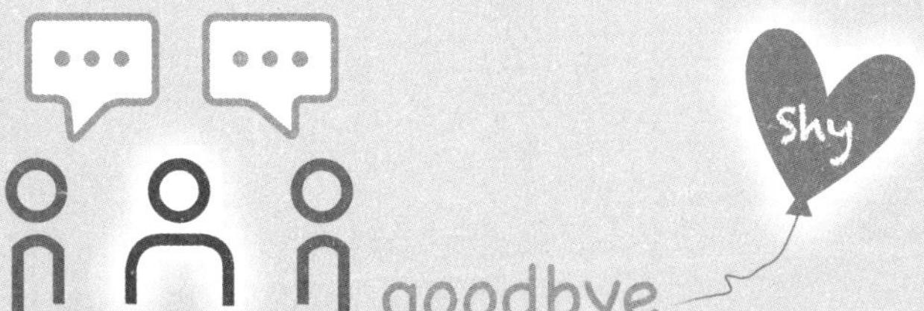

第二十七章 一點小建議

靈光乍現

教幼稚園小朋友的時候我喜歡抬頭挺胸走進教室裡，就像跳進由許多快樂小臉組成的泳池。當然在四、五歲小朋友的面前有信心沒什麼好說嘴的，但是跟小朋友相處是真的很開心。

但是這還是有一個問題，那就是幼稚園教久了，我講話也變得有點幼稚，只有每個月第三個星期一開家長會，我才有機會跟大人說上話。但這樣的分量顯然是不夠的，我記得有次跟家長們開會到一半，身體本能突然召喚，於是我站起身來脫口而出：「對不起，我要去噓噓。」

我可以聽到把拔馬麻在我身後竊竊私語，好像發現了什麼大祕密，我只好一半出於尿急，一半出於尷尬地衝去便便的地方「噓噓」。

就這樣我的神經斷線了，我決定教完那學期離職，回歸大人的世界。跟不足六歲的小朋友相處愉快歸愉快，但害羞的我會死得更快，更別說我的語言能力也會退化。那是個舒適圈，但我知道自己必須離開，害羞的死結才有機會解開。

在幼稚園的最後一天，我們辦了一個小小的歡送會。我跟小朋友們擁抱道別，大家說的都是「北鼻」、「掰掰」、「抱抱」這類的童言童語。幼稚完最後一次我便帶著複雜的輕盈重拾成年人的尊嚴。

如果你很害羞，工作性質又像我一樣特殊，那你或許該考慮轉換跑道，因爲職場有許多殘酷的現實。

職場對害羞者不友善

在工作上，害羞的人很可能會低估自己的能力與價值，你的老闆也是，也因此主管們會給你小鞋穿也不足爲奇。

如果你已經準備好重新檢視自己的職涯，那麼請你當自己的面試官，自問以下六個問題：

①朝九晚五的工作是否讓你的害羞更嚴重？

②我是否在現在的公司裡大材小用？

③我是否有學以致用？

④我對現在的工作是否適應困難？

⑤我能否找到更符合生涯規劃的工作？

當然，最實際的問題是……

⑥我現在是否有條件換工作？

多數人要換工作都是大事，尤其現在不景氣，但這帖藥你還是可以服用。

退羞特效藥第36帖：考慮轉職

自問上面六個問題，然後按結果去思考，去做出困難的抉擇。你的結論可能是該離職，但時機不對，不過就算囿於現實無法立刻離職，這樣的思考還是有其價值，因為就算是留在現職，你還是有可能做些改變，或者增強你未來展翅高飛的決心。所以眼光放遠，影響你最深遠的搞不好就是這一帖藥。

害羞壓力大，待業壓力也不小

不要衝動離職，除非你已經找好了退路。可惜當時沒人跟我說這句話，所以我辭掉幼稚園老師工作後就成了待業一族，坐吃山空。更慘的是，面試對我來說極其恐怖。最後是因爲窮途末路，不工作不行了，我才勉強自己走出去，我心想反正我這麼害羞，眞要去討飯我也說不出口，還是去面試看看好了。

我幸運得到了幾次面試的機會，然後面試官都問了幾個同樣的問題是：「你有哪些優缺點？」我沒有說出口的答案是：我的優點是得人緣，缺點是超級害羞。

「五年後你希望自己在幹嘛？」實話還是一樣說不出口：害羞能好！

「你有能力在短時間內學會複雜的工作嗎？」我能想到最接近這個問題答案的經驗是在上課鐘響前五分鐘把米老鼠的手機組好，但我不覺得公司會因此點頭稱是。

我很快下了一個結論。雖然我可以念故事給小朋友聽，讓他們都很滿意，也可以像趕羊一樣把一堆失控的頑童集合起來，坐在一起，但我並不是企業界最需要的人才。

求愛與作戰，可以不擇手段，找工作亦然

歷經六次面試之後，「請回去等候消息」這七個字已經讓我壓力大到像熱鍋上的蚱蜢，隨時會跳到二樓去。但塞翁失馬，我發現一直面試讓我學到一件事，那就是面試官的問題眞是像得可怕，有時候甚至連字句都一模一樣。

我有點懷疑是不是每家公司的人資都是同一個學校畢業，讀同一本教科書出來的。他們固定的作法都是先用一些日常一點的問題讓你放下戒心，甚至還會問你喝不喝咖啡，然而一旦你開始把公司當家，他們就會開始丟出棘手一點的問題讓你措手不及。

如果你生性害羞且正在找工作，那請不要懶惰，去買或借本常見面試問題大全這類的書；想省錢或懶得出門的話，其實上網找就行，很多考古題已被 po 到爛了。

要弄通面試的「眉角」並不困難。你可以先擬好一些四平八穩的答案，畢竟有些問題幾乎是必問，包括「你的優缺點有哪些？」。另外有些「賤招」你不得不提防，像我覺得最經典的就是有面試官會裝熟說「說說你自己吧？你是什麼樣的人？」，然後一副等著看好戲的樣子往椅背一躺。

退羞特效藥第37帖：嚴防面試官的「偷襲短打」

Google 一下跟面試問題有關的關鍵字，中肯的建議會淹死你。熱身的基本題不在話下，「你前一個工作是什麼？」、「待了多久？」、「離職原因是？」等等，都是可以預先準備好的。當然除了「正常揮擊」以外，有些面試官會突然來個「偷襲短打」，他們可能會問：「你最棒的特質是什麼？」、「最糟糕的地方又是什麼？」、「你覺得我們為何非用你不可？」。當然這只是其中一些啦，其他可自己去網路上找。重點是找好問題以後要在家好好練習，多一分練習，少一分焦慮。

做最好的準備，最壞的打算

不過話說回來，問題本身並不是面試的全部。我想你一定聽過老生常談的建議要你跟親友演練。

這也沒錯啦，但是我建議你可以偶爾做得更絕一點，需要作弊就作弊！

好吧，我說話可能聳動了一點，我的意思不是要你眞的去作弊，而是稍微不擇手段一點去得到你想要也應得的工作。怎麼布局？首先找五、六家你想都不敢想能進得去的公司面試。

第一家會很恐怖。

第二家會很嚇人。

第三家會很刺激。

但到第四家你就會駕輕就熟，愈來愈上手。問題會在你的預料之中，你不會再因爲面試官的一個小動作而如驚弓之鳥。總之，不想去的公司都可以當成練習面試的對象，想去的公司才是決戰的地方。

退羞特效藥第38帖：明知山有虎，偏向虎山行—只是當練習

為了最終得到青睞的工作，你得先去請不起你或你不想去的公司面試，藉此累積經驗值。等到你覺得在「小聯盟」磨練夠了，再一舉去「春訓」小露兩手，這樣你進入夢寐以求的「大聯盟」，就不會那麼遙不可及了。

在求職的過程中，我始終念念不忘的是十幾歲時想當空服員的夢想。我小時候，空服員可能比現在更令人嚮往，因為當年的空服員不需要賣型錄上的免費商品，也不需要控制客人要花生的數量，感覺有尊嚴多了，更別說「飛機餐」當時只有雛型，甚至會被當成是笑話一則而已。

我愈思考，愈覺得自己想當空服員。克服害羞是我最大的課題，而登上飛機將可釜底抽薪。我得跟一整架飛機的旅客打招呼說哈囉、說再見、說歡迎搭乘，一百人就說一百組，兩百人就說兩百組，我就不信這樣我還害羞的下去。

而在空服員的夢幻工作中，泛美航空又是我的夢幻雇主。但在我歷經了那麼多並不想去的工作面試後，我還是報名了不止一家航空公司的考試，包括美國航空、聯合航空、環球航空，乃至於另外好幾家現在都沒有了的航空公司我都沒放過。等輪到去泛美面試的時候，我已經把航空公司想要什麼樣的空服員摸得一清二楚。以當年來說，理想的空服員得笑得好像笑容是化上去的一樣，果然從頭到尾笑得像隻花栗鼠的我被錄取了。

我以空服員身分送過咖啡、遞過茶水、問候寒暄過的乘客與遊子，應該比你一輩子認識的人還多。

退羞特效藥第39帖：明知山有虎，偏向虎山行——講話講到膩

選擇行業的時候記得評估跟人接觸的頻率。頻率愈高，治療害羞就愈有效。工作時如果得不停講話，不停社交，下了班你就不會覺得那有什麼難了。

當然害羞好了，你不妨去做更有趣、更具挑戰的工作，看能不能學以致用，實現自我。

#【第七部】
社交活動，跟另外十七層地獄

派對不要說去啦，光是用說的就可以讓害羞寶寶皮皮挫。把害羞的人空降到誰都不認識的派對裡，跟把他們空降到賊營去給大頭目送飯，在主觀感受上並沒有太大不同。要笑，要自我介紹，要避免冷場，要面對異性，天啊，我還是去賊營好了！至少死得痛快一點。

等等，回來，別擔心，只要你照我說的把「藥」都吃下去，我保證有一天你會愛上被人包圍的感覺──前提是那些人不是賊營的人。

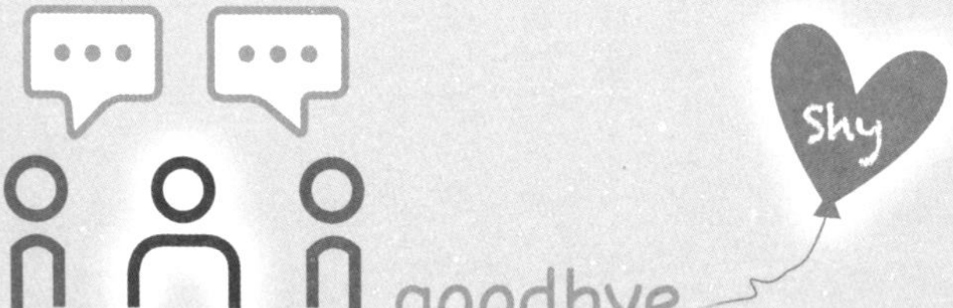

第二十八章
累積能量，衝向派對

如果雲端上的空服工作已是天堂，那地面上的社交場合仍可以是地獄。身爲空服員，我是在扮演一個角色，那與其說是我，不如說是一種形象。在飛機上我有事情要做，有存在的理由。離地三萬英呎的我是超人，但這位超人回到地上還是有低頭、飆汗、腿軟樣樣都來的時候，只不過讓我軟弱的不是氪元素，而是兩個字叫「應酬」。

但就是這麼巧，我害羞歸害羞，卻仍是空姐，而空姐位於機場附近的宿舍可以說夜夜笙歌。你想想，幾百個空姐聚在一起的「空姐村」要吸引男性，有多強的磁力！

窈窕淑女，君子好逑，空姐更是不在話下，當時的盛況說是蒼蠅滿天飛也不誇張，只不過大部分都「啪」一聲死在捕蚊燈下就是了。但不論那是怎樣的一個賣方市場，我都還是害羞得不敢出聲，就連已經燒焦在電網上的那些也一樣。

阿妮卡跟鄔拉就不一樣了。這兩位留著北歐血統的大正妹是我的室友，她們晚上只要沒班，就會豎起耳朵聽看哪裡有音樂、說笑聲跟杯觥交錯的清脆玻璃聲，一有動靜她們就會香水一噴、口紅一抹，往樓下交誼廳的派對直奔。她們會邀我，但這也導致我的理由用量大增，每天都有斷貨的危機。

一天晚上，阿妮卡班表研究到一半說道：「欸，妳看，下下個星期四我們三人都在耶，要不要約些朋友一起熱鬧一下？」

哇咧，我就知道最終還是逃不掉。「好啊，好主意！」我這叫口是心非。

行刑之夜終於來臨。六點半左右，阿妮卡跟鄔拉已經迫不及待地討論著要穿什麼衣服，化哪種粧，還互相幫忙拉拉鍊，而我，只能困守眠床。

阿妮卡注意到了。她朝著我的方向說：「萊拉，妳不準備一下嗎？」

「嗯，喔，我有個朋友感冒了，很嚴重，」我開始鬼扯。我支支吾吾地說要給這個不存在的朋友送雞湯補補，然後跌跌撞撞逃出了宿舍。

那天晚上，我其實一個人在某家中式餐廳裡坐著，超慘的，於是我發誓自己一定不要再當派對的逃兵了。

但發誓歸發誓，接下來的幾個星期我還是繼續放室友鴿子，直到有天我有了個靈感，我的這個靈感，或者說是計畫，讓我奇蹟似地沒那麼害怕參加派對了。

現在回想起來，我這招就是要自己……

在派對上當一隻鴿子

你看過公園裡的鴿子吧。麵包屑一扔，原本空無一物的廣場就會飛來一群鴿子，小心翼翼地降落在離人幾公尺外。再一會兒，會有某隻勇者衝向麵包屑，用鳥嘴俐落地一咬然後振翅遠颺。其他鴿子看到同伴成功在前，就會開始前仆後繼地大快朵頤。這時候你再丟一把麵包屑，就會比較多的鴿子膽敢嘗試。信心建立起來之後，鴿群與你的距離就會縮小，再來你就會發現自己身邊圍滿了鴿子嘰嘰喳喳，都是想跟你討吃的。鴿子當然不知道自己在幹嘛，但其實這就是前面說過的「漸進式接觸療法」，鴿子從怕人到親近人，所經歷的就是這樣一種「減敏」的過程。

我想說的是鳥可以，人當然可以。別自己嚇自己，從淺水區慢慢進到泳池，沒人叫旱鴨子的你一下就往深水區跳，那是找死（無誤）。別一副要去赴死的樣子，那只會揠苗助長，真的把自己嚇死。你應該對自己說的是：「我待十分鐘就好。多了沒有，就十分鐘。」

十分鐘能有多難熬？給牙醫鑽牙有時候一鑽就是十分鐘，你現在也活得好好的，不是嗎？不過要是牙醫在開始前先說：「不要緊張，我們今天只鑽三小時而已。」我想你的正常反應應該是奪門而出，連牙醫用的圍兜兜都來不及脫。

一開始先不要勉強自己在應酬場合待一小時，那樣你最終只會夾著尾巴淚奔。你應該從十分鐘開始，十分鐘就好，十分鐘到了給自己叫聲好，然後下場去洗澡。你可以因爲自己達成了目標而感到欣喜。

下次再有活動，增加你停留的時間爲二十分鐘，然後三十分鐘，以此類推。

我會想交女朋友，也知道應該為此多去參加活動，但跟陌生女生說話對我來說是不可能的任務，因為一堆人在現場讓我緊張，而且我也不喜歡夜店的氣氛。最近有朋友揪我去聯誼，聽說是一週一次的那種，但我真的是很不習慣被陌生人包圍還得看起來一派輕鬆，只好一直黏著我的朋友。後來他煩了，我就跟他說我想走了。過了一個禮拜他又拉著我去同一個聯誼，這次感覺就沒有那麼痛苦了……我現在每個星期都會去報到，待的時間也一次比一次久。我想我有在進步，因為很明顯去之前我沒有那麼緊繃跟焦慮了。

——傑瑞米．B (Jeremy B.)，德州阿比林 (Abilene, Texas)

退羞特效藥第40帖：小口小口把派（對）吃下去！

不要咬著牙說：「好啦，好啦，我去參加就是了嘛！」這麼說表示你在勉強自己，而勉強自己只會讓你下次更不想去。

把派對當成派，你能一口把整個派給吞了嗎？當然不能，但小口小口吃就不一樣了。要求自己待十分鐘，下次二十分鐘、三十分鐘，以此類推。漸進式接觸就是這麼好用。

「我討厭人多的場合！」

很多害羞寶寶不參加活動，一個很單純的理由是嫌人多。只要人少，他們感覺自然就會好些。關於這點下面是一位害羞寶寶的建議。

我能克服恐懼，在活動中露臉，是因為我提早去，提早去變成現場人很少，我想不說話都不行。

——伊恩．E（Ian E.），馬里蘭州巴爾的摩市（Baltimore, Maryland）

伊恩的建議眞好！順便補充一下，早去的另外一項好處是早去可以先認識人，這樣等到人多的時候你就不會覺得自己孤孤單單的，你會知道自己總有人可以講話，更別說這些先認識的新朋友可以介紹更多的新朋友給你，那比你乾乾地要認識人容易太多了。

退羞特效藥第41帖：趁人少的時候卡位

你不喜歡人多？也對啦，不然怎麼叫害羞。早到應該從來都不是你的選項吧，都已經害羞了還趕著去送死喔。弔詭的是，你不就是怕人嗎？怎麼沒想到愈早去人愈少。

早到人少，你就可以「大事化小」，就可以不用跟全場的人競爭注意力，然後人脈就有機會像雪球一樣愈滾愈大。

第二十九章
拒當刺蝟

活動不論是大是小，來人不管或多或少，你都不能人往裡一鑽就算了。典型的害羞寶寶常會忘記抬頭挺胸，會忘記笑臉迎人，會雙手抱胸營造距離感，惡性循環就此展開。

女人，我這麼說吧。在街上看到小貓咪，很多女性都會忍不住想摸摸牠吧。如果貓咪沒縮起來，妳又會得寸進尺想跟牠抱抱。反之，如果貓咪把背弓起來、眼睛瞇成一線，變身成小老虎，再喜歡貓的人也會退避三舍吧。

害羞寶寶，你當然不會故意在派對上對其他人發出嘶嘶聲，活像隻想嚇退敵人的貓，但不笑就能拒人於千里之外，就這麼簡單。你的肢體語言會告訴全場：我本來要去北極的！

我知道能出席當然也很了不起了，但你至少要讓人敢接近你，也要適時主動跟人講話，回到家才好用甜食獎勵自己。說話急促、站姿僵硬、握拳、發抖，都是你接近極限的跡象，你是教練就應該把自己換下去休息了。

心衛學家把這些害羞者緊張時的症狀稱爲「安全行爲」(safety behavior)。有份發表在《行爲療法期刊》(*Journal of Behavioral Therapy*) 上的研究名爲「維持焦慮與負向想法」(Maintaining Anxiety and Negative Beliefs)，該研究的結論是我們愈依賴安全行爲，害羞就會愈嚴重。

有些人覺得有出門就好，但人在跟人有到是不一樣的，就像有呼吸跟活著也不一樣。緊張是看得出來的，而且還會傳染，你會把緣分嚇跑。

退羞特效藥第42帖：既來之，則做點事

去到派對，記得給自己找點事做，你可以「正常能量釋放」，可以「練習無差別微笑」，可以對主人、對熟人、對異性「流露善意」。我這只是舉例，你可以盡量發揮創意，但先想好你打算待多久（第40帖藥），再來設目標。待十分鐘，你可以找一個人自我介紹就好，二十分鐘的話也許兩個，以此類推。有練到十分鐘就夠，只呼吸在家裡也行。

第三十章 找個個性有感染力的外向麻吉

變色龍要小心

避役科蜥蜴變色只爲融入環境是假；人會改變自己好融入群體爲眞。朋友外向自信，你也會在他身邊跟著開朗合群；麻吉帶頭去跟陌生人說話，你也會比較容易卸下心防；朋友去哪裡玩，你會想跟去看看。猴子看到人都會學，何況是人看到人（這麼說沒有惡意，猴子跟人都不要生氣！）

前面出場過的達菲吾友屬於極度外向，而我是隻害羞但知道感恩的小猴子，我很感謝她願意跟害羞的我當朋友，也努力想跟上她。我知道她是我害羞大作戰裡的盟軍，還在單打獨鬥的你也該去找一個同性的外向麻吉，這是我的建議。

有個很外向的女生瑞秋是我同辦公室的同事，也是朋友。一晚她拉我去一家可以跳舞到凌晨兩點的夜店，當然我一下就想落跑，但沒她我回不了家。還好夜店就是會有些陰暗的角落，於是我躲著看其他人在舞池中擺動身體。

同時間瑞秋忙得很。她到處認識男生，有說有笑，不時跟帥哥共舞。看在眼裡我其實還蠻羨慕的，但是又能如何呢？我就是沒膽啊。

瑞秋逮到我在躲著，唸了我兩句，而我也只能搬出害羞的老梗。也不知道她是醉了還是怎樣，但她突然板著臉要我去邀男生跳舞，還說不這樣我就自己想辦法回家吧。最後舞是沒跳成，但我至少跟男生講上話了，而且還不止一個。也許是我的錯覺吧，但我覺得那些男生還蠻開心的。

——丹妮爾．B (Danielle B.)，康乃迪克州格林威治市 (Greenwich, Connecticut)

我會說下次再跟瑞秋去跑夜店，丹妮爾就不會躲在黑暗角落裡了。自信友人的鼓勵絕對是你面對害羞挑戰的一大助力。朋友外向很重要，因為要是瑞秋也一樣害羞，那她就只能在角落裡跟丹妮爾作伴了。

退羞特效藥第43帖：近朱者赤，找個活潑的同性友人巴著

也許不是刻意，但就像變色龍會改變體色（不論動機為何），人類確實會本能融入所處的環境。為此你真的應該克服萬難，去找個外向的同性朋友交著。你可以要求他適時推你一把，讓你在新環境裡踏出第一步。不過一旦到了活動的場域，就不要每秒鐘都跟老朋友黏在一起，因為你出門是為了交新朋友，這點不要忘記。

善用朋友圈

除非你是受過專業訓練的情治人員，否則緊張形於色是很正常的，無可厚非。法庭有專家會觀察在場當事人的「情感流瀉」(emotional leakage)，也就是你以爲自己藏的很好，但其實已經露餡的情緒。

還記得第二十章的史帝芬嗎？他以爲自己在笑，被女生點破才嚇一大跳。我這裡有位住在芝加哥的迪娜也苦於類似的問題，但她想到了個有趣的技巧，是讓朋友監視

她有沒有垂頭喪氣。

我在女生裡面算非常高，一八五公分，但因為我很害羞，所以身高變成我的詛咒，也因此「造就」了我駝背的壞習慣。我會逼自己去參加活動，但從來沒有男生約我。有一次一個女生朋友建議我不要駝背，我於是照了照鏡子，發現她說得對。我站直了感覺比較好，害羞也不那麼嚴重了。從那之後，我都會請這位朋友提醒我注意站姿，駝背就請她戳我。我覺得這應該是一種互惠，因為她好像蠻喜歡戳人的。

——迪娜．F (Dina F.)，伊利諾州芝加哥市 (Chicago, Illinois)

你也可以如法炮製找朋友幫忙，他偶爾給你當頭棒喝，不論是駝背還是其他會影響你自信的壞毛病，你都可以請朋友當你的糾察隊。包括你只要臭臉或不看人，朋友都有權利質詢你，甚至彈劾你！

不嫌麻煩的話，這還有進階版，亦即你可以建立一個獎懲制度。就像用信用卡累積里程數可以換機票一樣，朋友每提醒你一次就給他特定的點數，點數夠了你就得請吃飯或出國幫忙帶東西回來。這樣即便是比較現實的朋友也不會對你說NO。而你也不會吃虧，因爲自信的自己，無價。

退羞特效藥第44帖：請朋友當你的糾察隊，監看你的「一舉一動」

你的笑容看起來對嗎？會不會感覺有點奸詐或猥褻？你的眼神接觸會不會短到像蛇在吐信，讓人覺得不誠懇？還有你的站姿呢？走路的樣子呢？你發出的訊息正確嗎？會不會讓人望之卻步？

你可以找個信得過的朋友定期幫你確認一下，標準是你得看起來有自信外加好接近。準備一張黑名單給他，把應該避免的像是手抱胸、臉凶神惡煞、姿勢不良、眼神游移、全無笑意等問題都列上去；怕朋友沒動力的話你還可以提供一些「破案獎勵」。

第三十一章
害羞不喝酒

哪裡痛我們吃藥，有些憂鬱症患者也會找心理醫生開藥吃，這都在合理的範圍內。但消除心病當然還是「自然的尚好」，能不吃藥就盡量別吃，這也是我寫這本書的初衷。但事實是有部分的人會因爲苦於害羞，而想要用酒精或藥品來麻痺自己。

社交焦慮症（SAD）患者的酗酒與物質濫用風險比一般人高兩到三倍。面臨社交或要表演的場合，他們經常性使用酒精來壓抑事前的焦慮或擠出上台的勇氣。

——《心理學研究期刊》

藥品跟酒精可以一時讓害羞寶寶產生信心，但效果很短。你可能以爲他們的掌聲是因爲你在咖啡桌上跳的夏威夷舞蹈很精采，你可能以爲他們的笑聲是因爲你的笑話很好笑，但你眞的誤會了，先生，他們是在笑你。

還有小姐，妳可能覺得自己渾身散發著致命的吸引力，不然怎麼會男人都圍在妳身邊不散，但隔天妳清醒後可能會大受打擊，因爲外面已經在傳妳很辣又很好把。

不要說這不可能，我幾年前就遇過眞實的案例。那天我回老家，在朋友芮妮家的前廊休息，突然對街一扇門後走出一個正翻了的紅髮女子。

芮妮看了看她。「喵的，這女的剛搬來，叫珊米的樣子。超屌的她，跟她打招呼都不理人。」

「倒不是說我有去偷看還什麼的，但我注意到她男朋友都只維持一兩個禮拜，然後就會換人了，一個換過一個。我想她眞的很挑吧。」

「也只能說她有這個本錢吧，人正眞好。」

「是吧，」芮妮咕噥著。「但身爲女神也還是可以對我們一般人客氣一點吧。」

「我有個想法，」我說「我們要不要請她星期六過來烤肉？反正國慶日我們肉是一定要烤的啊，不差多一個人吃，而且她怎麼說也是妳的鄰居嘛。搞不好她不要的男生還可以介紹給我們。」

於是我們留了個字條在珊米的信箱裡，但也就試試而已，沒抱什麼希望。
到了星期六中午，我們照計畫開始生火、冰啤酒，就在這時後面傳來一聲：「嗚呼，是我，珊米！」
芮妮跟我狐疑地轉身，小小地嚇了一跳。珊米用稍微有點含糊的聲音繼續說：「喔，天啊，熱狗好香喔，看起來超好吃的，還有啤酒！可以給我來一瓶嗎？」問歸問，她也沒等我們回答，就自顧自地往冰啤酒的箱子走過去。
芮妮側身小聲跟我說：「還不到中午耶，但我覺得她應該是醉了。」
經過幾個小時，幾瓶啤酒下肚（大部分是珊米喝的啦），我們開始聊起，嗯，男人。
芮妮首先老調重彈：「好男人都去哪兒了？」我假裝擦了一下眼淚，開玩笑地說：「應該都被珊米把走了吧。」
珊米的回答讓我們兩個都有點驚訝。「是啦，但是他們後來還不都是把我給甩了。」
「蛤？」芮妮跟我都傻眼地倒抽了一口氣。
珊米低下了頭。「很多男生是在酒吧認識的，我們會出去約幾次會，但最後結果都是一樣。他們會說我酗酒，然後就不跟我聯絡了。」
「嗯，」芮妮試探地問了聲，「妳，嗯，喝很多嗎？」
「嗯，我不喝點酒就很悶啊。男生會覺得我很無聊又害羞，我在公司都不太講話的。」

芮妮跟我面面相覷。

珊米還有話說。「我從小就獨來獨往。但不是因爲我想要一個人，而是因爲我沒辦法看人。高中的時候我一直都沒有交男朋友，連約會都很少，後來是因爲我學會喝酒才變好。我只要一覺得不自在就喝點酒，一直都蠻有效的。」

聽到這，我跟芮妮開始同情起珊米。

酒精是會溶解信心的溶劑

用酒精或藥品給自己信心最多只是救急，不可能長此以往，事實上久了還會有反效果，因爲除了可能染上酒癮甚至毒癮，你也封印了做自己而贏得別人芳心的能力，這樣下次你一沒酒喝，就會覺得格外沒有自信。所以這樣說起來，依賴酒精反而會讓你的信心跌到谷底，更別說酒後失態對你的「口碑」跟形象會有多大的影響了。

退羞特效藥第45帖：開車不喝酒，還有清醒時的自信才能長久

每個人的酒量不同，每個人都有喝酒的「安全極速」。開車不要超速，你喝酒也應該尊重自己的極限。你最多能喝三杯，就喝兩杯，能喝兩杯，就喝一杯。如果你只能喝一杯，那就直接點可樂吧。能說不才是酷，敢清醒才算自信，有自信人家才看得起你。

那天聊了天沒過幾年，芮妮跟我說過珊米老了很多，她已經不是當年那個紅髮正妹了。她愈來愈難找對象，除了工作也愈來愈少出門。

《焦慮症期刊》(*The Journal of Anxiety Disorders*) 上有一篇研究表示同樣害羞，酗酒的人會更難與人順利結褵。珊米就是個很令人難過的案例。

【第八部】
聊天不用怕，請你跟我這樣做

好像有一種傾向是人愈聰明，讀的書愈多，他們就愈討厭閒聊。這是可以理解的。畢竟一個人懂得多，能夠聊的東西也多，怎麼選也不會選到天氣或「你好嗎？」這些無聊的話題，畢竟人生苦短，再說誰真的在乎誰好不好嗎？

但你可能有所不知的是，閒聊也是一種溝通，閒聊可以開啟更有意義的交流。閒聊可以拉近距離，建立起一種「共同感」。你可以把閒聊想成是音樂在流洩、貓咪在呼嚕、年輕人在哼歌或一群人在坐禪，這讓你有時間去感受你談話對象的情緒與個性，讓你知道這對話該怎麼往下走。

有件事很多人沒有想到，那就是旋律才是音樂的重點，至於歌裡頭在唱些什麼，有時候真的不是那麼重要。閒聊也是一樣。

第三十二章 怕自己很無趣嗎？

先開口先贏

看到認識人的走來，你的小劇場立刻開演。我該說什麼？我會不會一開口就很蠢？她一定會覺得我很笨或很無聊吧！要是她開口我不知道怎麼回答呢？我看我還是裝沒看到或裝忙好了。

嗯，其實你可以考慮一下說：「嗨，你好嗎？」這很普通，我承認，但是也很安全。說這話的人當然不是眞的想知道「你的疝氣或痔瘡好了沒？」，這只是一種制式的打招呼方式，標準答案是「我很好啊」。

在路上遇到認識的人，大原則是話先講先贏。先出聲表示你喜歡對方，尊重對方，也表示你有自信護體，表示你不害怕在路上遇到人，更不怕跟人講話。不論你的這種自信是眞的還是有點虛，先講話都絕對可以爲你的魅力在人前加分，讓你整個人散發出正面的能量。

退羞特效藥第46帖：先講先贏

對話的時候能搶得先機對害羞的人來說絕對是好事情。任何時候遇到熟人，先丟出「哈囉，你好嗎？」就對了，當然你也可以說「是你啊，今天忙什麼？」、「最近怎麼樣，都還好嗎？」，反正重點是要先說。話語中的熱情可以代你訴說友善與自信。記住，**前十秒鐘會決定別人怎麼看你，等是沒有意義的**。

「嗯，我很好，你呢？」

當有人問你：「哈囉，你好嗎？」你不用像在寫英文考卷一樣說：「我很好，你呢？」你這樣問，對方也只能說很好，然後你們就會面面相覷，無言以對了。

別怕沒假裝回問會讓人覺得你沒禮貌，大膽地簡單應一聲「很好」後就立刻採取主動，把話題牽引到自己今天做的或要做的某件事，就像下面這個樣子：

他：哈囉，你好嗎？

你：很好。你知道今天晚上的比賽嗎？我超期待的。（重點是節奏要掌握好，不要遲疑。）

接下來再把球丟回給對方。「你會看嗎？」你這麼一問，對方就得回應。這就像是先變出一個球來，然後再把球丟過網讓對方不接都不行。

你可能不相信，但說什麼真的都沒關係，你想聊天氣也可以。你可以注意別人的對話，你會發現天氣是最常出現的話題。

他：嗨，你好嗎？

你：好啊。我聽說這個週末天氣會很好，應該會偏熱。

這就是變出球來。

你再補上一句：你有什麼計畫嗎？

這就是把球丟過去。

即便是像天氣這樣不起眼的話題，只要從袖子裡變出來，也都會是很好的引信。閒聊只要操作得宜，絕對可以點燃兩個人之間討論的火花，火花來了想談服貿也不成問題。

退羞特效藥第47帖：把球變出來再打過網

有人問你：「你好嗎？」，別只是單純回答「我很好，你呢？」，這樣會讓可能的精彩對話胎死腹中。你可以隨便從自己的生活中取材延伸，用相關的問題做球給對方，這樣不但話題可以延續，也可以給對方留下自信與友善的好印象。

（要是遇到對方是省話一哥／一姊，把你寄望的申論題當成是非題回答，你可以追加問題讓動能延續，關於這點我們會在第51帖藥裡說明。）

第三十三章
沒話說怎麼辦？

你可能會想：要是我那天很平淡，前不著村，後不著店，完全找不到亮點當成話題怎麼辦？**別緊張，因為重點不在於你說了什麼，而是你說話的口氣**，早餐吃了什麼也可以是一場華麗的大冒險，只要你說得煞有介事。被問「你好嗎？」，「很好」只是過場，眞正的主角是你媲美「百老匯」般誇張的宣言：「很好，但我跟你講，我今天跑遍了賣包包的店，因爲我原本的公事包實在是不能用了，不然你知道我有多討厭買東西（球變出來了）。你不覺得買東西很麻煩嗎？（球丟出去了）。」

對方也許會說眞巧，他的小舅子才剛送他個公事包當生日禮物。公事包當然很無聊，但請你一定要笑著專心聽，好像你在聽奧斯卡獎頒獎一樣。問他小舅子住在哪裡，假裝你很在意，問那地方漂不漂亮。能做到這樣，你就已經在閒聊了，而這對害羞寶寶來說已經是以往難以想像的美麗境界了。

退羞特效藥第48帖：沒話說，試試大驚小怪

即便自覺丟出來的東西很無趣，你還是應該大驚小怪，還是應該當成天塌下來一樣大聲嚷嚷。只要你夠熱情，聽的人就會被你蒙蔽，嗯，是被你吸引。

換個方向，不論對方說的話有多無聊，你都要想辦法反應得好像多精采又多精采一樣，這有人說是欺騙，但我說是體貼。

第三十四章

平凡的問題，不平凡的回應

我敢打賭，任何人剛認識不到五分鐘，就會聊到「你是做什麼的？」對此你應該先準備好一個簡單易懂又好聽的職業名，才不會一時語塞，另外，這職稱也應該在聽者的耳中顯得俐落出眾，樂趣無窮，讓對方簡直要露出欣羨之色。

可惜很多害羞寶寶都做不到這一點。他們一被問到這個明明原本應該是送分的考古題，就會低下頭，支支吾吾地吐出幾個幾乎不成句的字：「喔，嗯，我，我就，我只是個……而已。」有次我去拜訪一家公司，結果在大廳裡有點小迷路，剛好一位小姐經過然後帶我找到了我要去的地點。爲此我謝過她，然後順口問了一句：「欸，您在貴公司哪個部門高就啊？」

「我只是總機啦！」這是她的回答。

我聽她這樣貶低自己簡直氣炸了。「不對，妳不只是總機，」我軟中帶硬地糾正她，「妳是這公司不可或缺的總機。」她看著我，眼裡帶著一絲不解。

遇到有人問這個一定會有人問的問題，正解是先笑，然後給自己的工作應有的尊重。你要看得起自己，介紹起自己的工作要帶著熱情。看不起自己，說話沒有熱情，聲音有氣無力，就算是大公司的執行長也會被當成「魯蛇」。反之，只要你熱愛工作，就算你是種菜養牛（並沒有對農業或畜牧業不敬之意），別人聽起來也會覺得很牛。人生勝利組很簡單，只要熱愛自己的工作與生活就成。你愛你的工作／生活，世界就會愛你。

退羞特效藥第49帖：履歷寫好掛嘴上

明知道會有人問你工作，就不要沒準備，更不要隨隨便便亂答。準備好一個像樣的回答，在家沒事的時候演練一下，留意氣勢跟表情都得做足，看起來才不會傻。遇到實戰千萬別客氣，所有排練過的東西通通拿出來耍，別人聽著爽你也會跟著爽。

第三十五章
聲音好聽有差

害羞寶寶最明顯的破綻是啥？你會說「眼神」。嗯，這也沒錯啦，但是很多人不知道的是說話聲音也緊追其後。你說話的音量、速度、音色都反映了你的信心水平。愈是有自信的人，說話就愈洪亮也愈有變化；有信心的人不會半天說不完一句話。

很多時候人家聽到的不是你說了什麼，人家只記得你說話的模樣。

你說話斷斷續續又顯得遲疑，別人不論聽到什麼都會以爲：這應該不太要緊。

你說到一半卡住，別人不論聽到什麼都會覺得：你到底有沒有先想清楚？

你說話如履薄冰，別人不論聽到什麼都會想說：你太在意別人的心情。

你說話像高鐵在跑，別人不論聽到什麼都會懷疑：你是不是緊張過度只想唸稿。

對著魚缸解釋你早餐吃了什麼

家裡有養魚的可以試試。我知道人魚殊途，但你要的只是一個彩排的對象，你要的是說話平順而清晰。你可以想像自己在練習銅管樂器，你追求的是吹出來的音量與穩定。

退羞特效藥第50帖：有話對金魚說

你不想提早餐，行，重點不在蛋餅，你家裡不養魚也沒關係，有狗、貓、袋鼠或鏡子也行，總之你要做的，就是維持五分鐘的神采奕奕，包括你的聲音要穩定而有力，停頓以極少為宜。當然在跟真人說話時你多少得有些頓點，好讓對方有意見的話可以參與。不過金魚如果沒有意見的話，你當然就順順往下講。

第三十六章 避免冷場，延續對話能量

快使用疑問詞——比哼哼哈兮好的選擇

掌握接下來要介紹的這帖藥，擔心該說什麼對你來說，就再也不需要。很多人在當聽眾的時候會丟出「嗯」、「嗯哼」、「OK」、「是喔？」、「不會吧！」這類的「哼哼哈兮」來當作串場，表示你有在聽。害羞的人在使用這些「黏著劑」的時候往往會綁手綁腳，因爲他們會擔心對方聽到的反應。我這裡有個建議給所有的人，當然也包括害羞寶寶，事實上，害羞寶寶特別能受益於這個建議而讓跟人的對話順暢無比。

如果你不想一直在那裡嗯嗯啊啊，穿插一些問題是很好的辦法。「誰」、「什麼」、

「何時」、「哪裡」、「為什麼」還有「怎麼」，也就是很多人都知道的五個「W」加一個「H」，你可以善加利用來造橋鋪路。

談話的途中遇到峽谷你可以問：

「**誰**給你的？」

「她說了**什麼**？」

「你**何時**發現的？」

「你在**哪裡**找到的？」

「你**為什麼**選這間？」

「你**怎麼**辦到的？」

這些個問法絕對是雙贏，因為多數人都愛說，你問得愈多他們愈能多說，你也免受冷場的煎熬。

若遇到無聊先生在吹噓他的義大利之旅，你可以問：

「有**誰**跟你去嗎？」

「義大利**什麼**特點你評價最高?」

「你**何時**去的?天氣如何?」

「你去了義大利**哪裡**?哪些城市?」

「你**為什麼**選義大利?」

「再說啊,我還沒聽夠!」

沒多久之前,我剛好對著一個朋友滔滔不絕,機關槍掃射了老半天我才發現可憐的朋友一聲未吭,於是我歇了歇,算是給他一個說話的機會。但他只是淡定地說:「再說啊,萊拉,我還沒聽夠!」

哇!我心想這種要求我這輩子沒聽過,於是我深吸一口氣又潛了下去,這一下去又是二十分鐘,浮出水面我只有一個想法,那就是我這朋友太令人折服了。

閒聊曾經是我的罩門,我覺得我很乾,所以大家看到我就躲得遠遠的。我後來克服了恐懼,能跟人在不認識的情形下閒聊兩句,原因之一是,我發現別人根本不在乎我怎麼想,這也是對的,本來嘛,我的想法他們有什麼好在乎的?我發現我偶爾丟一兩個問題讓他們往下說，他們還挺愛的。

——雷夫．G (Ralph G.)，肯塔基州格林威爾市 (Greenville, Kentucky)

退羞特效藥第*51*帖：避免冷場，你問他答

不要哼哼哈兮，因為你不是機器人，更不是周杰倫。多用問句讓你說話的對象感到驚喜與窩心，他會覺得原來自己說的話你這麼願意聽，並且你也不用擔心自己一時想不出更好的話題。

家常就是要長，簡短感覺著慘

說到問答，你也順便練習一下回答好了。先來兩個錯誤示範：

「你今年冬天想去哪裡度假？」「佛羅里達。」

「你媽／爸／哥／姊／弟／妹／老公／老婆／貓咪好嗎？」「好。」

簡短很多時候是種美德，但這裡顯然不是。一個字的回答除了讓人尷尬，也讓對話難以爲繼。爲了避免自己被歸類爲難聊的人，你可以先想好稍微長一點的答案，像是「喔，我們本來想去加勒比海，但好像有點爆預算。現在考慮中的是佛羅里達，但佛羅里達很大，所以我們還沒有確定行程。主要是……。」你知道我的意思了吧。

退羞特效藥第52帖：寧濫勿缺，寧笨勿短

不要因為擔心問答很平凡而出口的話都短短的，事先根據最常被問到的問題想好詳細一點的答案。**用一字回答人家一句是大忌。**

別人會因為你準備答案的用心而給你肯定嗎？也許不會，但我說過，**旋律先於歌詞，口氣先於文字，你說話的樣子遠比你說了什麼重要**，這麼簡單的道理，懂吧？這麼容易得分的事情，不做嗎？

第三十七章 叫得出對方名字大加分

每個人都聽過自己的名字不知道多少遍，但專屬於自己的這一兩個字絕不會退流行，多聽一遍都是賺到，都會讓人覺得心裡某個角落暖暖的。從這個認知出發，你也可以藉此給自己在人際關係上加分。叫得出別人的名字就等於你在昭告對方：我有自信，我注意到你了，我把你當朋友。

當然我沒辦法告訴你叫名字有沒有額度。到底聊幾分鐘的天應該配幾次親熱地叫名字，沒有標準，這點我想各位可以諒解。但話說回來，只要你有心去做，很快你就可以摸索出名字怎麼叫，叫幾次剛好。我想我能說的就是見面跟說再見的時候多用無妨。「早啊，建民！」、「今天這麼早喔，偉殷？」、「先走囉，志玲！」、「掰掰，威廷！」都是正確的範例。

不過還是要小心的是名字叫太多次，別人也可能會覺得你太刻意，太噁心，甚至也有人會想說你誰啊，我跟你很熟嗎？所以凡事還是要注意別過猶不及。

幾個月前電腦怪怪的，我打電話給客服說我一開檔案，螢幕就會跳出錯誤的訊息。我們的對話像下面這樣：

客服：您好，貴姓大名？
我　：萊拉。
客服：您現在坐在電腦前面嗎，萊拉？
我　：是的。
客服：好，萊拉，你現在按兩下，點進「我的電腦」。
我　：好了。
客服：萊拉，你看到裡面的檔案夾了嗎？
我　：看到了。
客服：現在把捲軸往下拉，萊拉。
我　：ＯＫ。（真是夠了，萊拉到底要叫幾次啊，我打電話是要修電腦，不是要問我自己的名字。）

客服：好，現在我要你去點那個會出現錯誤訊息的檔案夾，萊拉。

萊拉，萊拉，要不是在電話的兩頭，我眞想叫他你頭過來啦，我要用鐵鎚在上面點兩下。

稍加練習，你就會知道叫人名字的分寸與時機，這方面掌握的能力跟你的自信成正比。在那天來臨前就以兩次爲限，見面一次，道別一次。

退羞特效藥第53帖：調味很好，太鹹傷身

名字用在見面打招呼跟分手說再見，用得好的話可以相當煽情。但還是要注意，叫名字就像煮東西放鹽，好吃跟太鹹只有一線之隔。窩心跟噁心，羽絨跟豬鬃的差別你不能不小心。

第三十八章 聊天話題也太好猜了吧

誰不知道啊！

沒多久前我去應酬回到家，突然大夢初醒，頓悟了一件事情。經過這麼多年，我終於像漫畫裡那樣頭上亮起一盞燈泡，原來聚會時大家聊的話題不脫電影、男女、下一代、貓狗魚鼠、出國、職棒、明星、八卦，最多再加上時事，尤其是有死人的時事。

偶爾會有人掉個書袋，聊點稍微有學問的東西，比方說歷史控會聊明十三陵，天文迷會提大霹靂。但總歸起來，大部分人聊天都還是世俗的很，意外比少還要再少一點，而且全天下只有害羞寶寶不知道這點。退羞特效藥第54帖就是在講這個發現。

想想大家聚在一起會聊哪些東西，然後上網 google 一下，蒐集一下相關的資料，算是做功課。如果你想到的話題跟時事有關，那就再順便瀏覽一下平面或多媒體的頭條。採取主動，不要從談話對象的口中聽到政壇醜聞或名人離婚的消息，你應該事前就知道有這麼回事情，然後有自己的角度與想法。隨機應變的勝算會很小，因為你還沒來得及開口，話題就不知道變化多少次了。

退羞特效藥第54帖：謀定而後動，想好再出手

光是知道非洲有內戰、西班牙鬧獨立、菲律賓颱颱風、北極在融冰，是不夠的。把所有可能冒出來的話題都先想過、查過、讀過，不用搞到可以寫論文的程度（除非你真的是要去參加學術研討會），不用搞異端（除非你要面試辯論校隊），但你要能形成獨特的意見，要對熱門的話題有自己的判斷與邏輯。這樣的工作是例行性的，習慣養成後你遇到話題都可以主動出擊，而主動，感覺就會比較有自信。

第三十九章 該你發球了

出聲，做個有意見的人

我們要懂得引領話題，就像網球選手輪到發球局，毫不留情地要對手配合你。

你可能聽過有人被批評意見太多，主觀太強，而你自己從來不用擔心這種問題，因爲害羞的人多半只會意見太少或根本不出聲音。請你從此刻開始拿出態度，解除自身想法的封印，未來，更請讓你的意見沒有極限！

首先把自己的原則、價値或利益列出來。也許你認爲溫室效應只是神話，也許你覺得電玩遊戲寓教於樂，是很好的玩具兼教具；反之，也許你覺得地球暖化會把人類烤焦，也許你主張電動會讓人類的兩腿退化。

這都沒關係。但不論你怎麼看一件事情，都請你把它想清楚，想好自己有什麼立論基礎，也可以上網爲自己蒐集一些證據。把建立好的核心論點跟外圍對自己說一遍，然後再構思看看如何能把話題引導到這個你已經是半個專家的主題上。

退羞特效藥第55帖：意見領袖，今天換你做！

不要看別人講話的風向，你應該主動引領討論的走向。準備好一些你有熱情跟知識的主題，奸詐一點把話題拉過去，然後再跳出來扮演專家，專家說起話來肯定比較大聲！

你別走，你的事情還沒完。快速整理一下。你目前所知包括：

- 打招呼要先發制人。（第46帖）
- 回答「我很好」之後不要留空檔，立刻另起爐灶，開啓話題。（第47帖）
- 結束你這回合前要丟出問題，算是伏筆，讓對方不得不接話。（第46帖）

☼有精神很重要，包括你自己說話的聲音跟給對方的回應都要「站在高崗上」。（第48帖）
☼準備好會被問到工作，事先擬好「超陽光」的回答，並記得回馬槍，以其人之問題還治彼身。（第49帖）
☼用何人何時在何地怎麼地幹了啥事等問題去轟炸對方，不准對話的動能弱掉。（第51帖）
☼把對方的名字用來破題與收尾，算是一種收買。（第53帖）
☼把所有聊天的考古題都先找好答案。（第54帖）
☼再老套的問題，都不准你用一個字回答，囉唆點沒錯。（第52帖）
☼找好你有熱情跟知識的事情當成武器，怎麼也得把主題拉到你那邊。（第55帖）

這樣看起來好像已經很多了，但還有最後一塊拼圖不能沒有，除非你不想跟人說起話來自信與魅力兼具。

第四十章 最後一塊拼圖：徵詢對方意見

對話祕笈的最後一塊拼圖很重要，你不能不知道。**在你發表完專家的意見後，記得也徵詢一下對方的看法**。自信的人常常忽略了這點，結果是被當成目中無人的討厭鬼。

在「男性社交能力的行爲評估」(The Behavioral Assessment of Social Competence in Males) 這份研究中，學者選了兩組受試者，一組是人緣和女人緣都很好的男生，另一組剛好相反。

研究人員讓全體受試者在舞會上跟女生聊天，要他們試著約女生出來。用隱藏式麥克風，科學家錄下了所有的對話。

整體而言，人緣好的男生在發表完高論之後，都會問問女士的意見。顧人怨的男生則不太會這麼做。結果是前一組約到女生的勝率遠高於後一組，差距非常懸殊。

當然不是只有約女生（或男生）的時候才要這麼做，我們即便是面對同性，也應該讓對方有說話的空間，才能得到對方的喜歡與尊重。

退羞特效藥第56帖：盍各言己志

在用上所有的招數，讓自己出落地辯才無礙之後，別忘記把麥克風交給你的朋友，讓他也可以辯才無礙，「盍各言己志」一下，換你當個優質的聽衆。等朋友暢所欲言之後，你再提供一些回饋。只要能反覆這樣的循環，溝通對你而言就可以自在、愉快又精采，自信源源而來！

多加練習，有天你自然會大夢初醒地告訴自己：我行！我現在跟人講話就像呼吸，無所畏懼！那麼下一站，跟害羞說掰掰！

第四十一章 無聲勝有聲，無招勝有招：看人、點頭和微笑

我想跟大家分享一件事，算是給大家一點鼓勵。每多掌握一項技巧，我相信大家跟人講起話來都會愈來愈順利，但在你打完通關，畢業下山之前，有件事我想你應該知道，那就是要讓人記住你，喜歡你，不一定要靠講的。

達菲吾友替我上了一課眼神交流之後隔了幾個月，有天我們在電話上又聊到這件事。「達菲，我現在都敢看乘客了也，而且看眼睛也沒問題喔！」

正當我口沫橫飛，滔滔不絕，達菲又神祕兮兮了起來，我一看就知道她又打起不知道什麼主意了。

「妳可以大概一個小時以後過來找我嗎？」她問。

「嗯，可以啊，可是……。」她沒等我把話講完就掛了。

一小時後我到了達菲面前，她劈頭對我說：「今天開始是博士班。」她顯然很享受當我的心靈導師。

「今天有一場午餐會，我媽會去，……」這次換她還沒說完，我已經面露懼色。「別怕，」她看出來了，「不是什麼很嚴肅的場合。這次除了眼神接觸外，我要妳仔細聽人說話，聽的時候要微笑，聽到一個段落稍微點頭。」

「我不行啦，我沒辦法跟陌生人聊天。不可能不可能。」

「欸，妳說到重點了，萊拉小姐，我不用妳去跟人講話。今天的主辦單位是一個宗旨在幫助新移民融入美國社會的組織，我媽是裡頭的志工，舉辦這午餐會就是要歡迎十四位新朋友，也是『新美國人』。我在想他們的英文應該都還沒好到可以跟妳聊天，所以妳可以放心去，不用有壓力。妳不用開口，就笑、看人跟點頭就好。」

現場是一個熱熱鬧鬧、人聲鼎沸的希臘店家，是有賣酒的地方，希臘人當然說希臘話，我猜啦，因為我完全聽不懂，搞不好他們全部的人都在說中文也不一定。達菲媽坐在一張大桌旁，一起的是達菲說的新朋友。達菲親了媽媽的臉頰，幫我介紹了一下。然後達菲媽要我跟她坐，免得我什麼都聽不懂。

又沒有要你上台表演

達菲使了個眼色。「不可以，萊拉妳去坐在小李跟小史中間。」我瞬間感覺像熊貓被丟到獅子中間。

互相自我介紹的時候，小李跟小史笑得很開心，我笑得很無力。

「別怕，」達菲打 pass 給我，「我跟他們說過妳不懂希臘話，那我去跟我媽坐囉。」

「達菲，妳不要走啦！」但她沒理我。

接著，服務生放了一盤很「特別」的食物到我面前，感覺像是章魚的冷盤，還附了醬。小李示意要我嚐嚐看，我只好勉爲其難吞了一口那黏呼呼的東西，然後還很刻意地點了點頭，外加小小地手舞足蹈一番表示滿意。

不知不覺中，我放下了，不那麼緊繃了，這連我自己都不太相信的事情眞的發生了。達菲作爲一位不請自來，沒有執照的蒙古心理醫生，應該會以我爲榮吧。這是我第一次跟一群陌生人同桌，但沒有想披上隱形斗篷。事實上我還特意坐好，把頭髮放下，對著店裡另一頭的希臘帥哥拋了個媚眼。

但人果然不能得意忘形。對面那位被我「撩」起來的帥哥跟同桌的朋友告罪起身，開始朝我的方向走來。他顯然是衝著我來的，怎麼辦，搞不好他通英文？那我不就得跟他說話了？

他很紳士地彎身算是行了個禮，用希臘文（應該是）介紹了他自己。達菲見狀趕緊「上場救援」，於是帥哥對著達菲說了兩句，達菲轉頭對我笑了笑說：「萊拉，阿泰想約妳。」

「蛤？妳說啥？」

「他沒在跟妳開玩笑喔！」

「妳倒是在開玩笑吧？達菲小姐！幫我翻譯一下，就跟他說謝謝他，我很榮幸，但是我結婚了，不然就跟他說我是愛滋病帶原者，編理由妳不用我教妳吧！」

達菲果然不負所託，讓我解了套。然後聚會接近尾聲，每個人都笑著過來用希臘文跟我握手道別，這證明了雖然我一聲未出，但傾聽讓我大受歡迎，很多人搞不好以為我只是喉嚨痛，而不是不懂他們的語言。

回達菲家的路上，我給自己打了分數，評語是我今天感覺還不錯，在人堆中沒有特別不自在。

「那是當然的啊，」達菲接著我的話說，「平常心的關係啊，妳今天又不是要登台表演。」

我怎麼沒想到！大哥是對的，嗯，達菲是對的。又不是要去奧斯卡獎上當表演佳賓，我在那兒緊張個什麼勁啊？不想講話就不要講，是會怎麼樣嗎？至於說了什麼也不用放在心上，搞不好人家根本聽不懂你在說啥。

你不講話，沒人把你當啞巴

現場沒人會說英文是比較極端的狀況，你能放輕鬆是因為你說錯話或出醜也沒人聽懂；同樣地，如果現場的人全部跟你素昧平生，未來應該也不會有什麼交集，你也可以援引一樣的道理讓自己輕鬆一些。

其實說正格的，就算是全國英語演講比賽的菁英聯誼會，而且裡頭不少人認識你，你也自己嚇自己，因為沒人要你即席演講，你不想講話就不要講。但有件事你不能不做，那就是聽、笑跟點頭的三位一體。這三種元素加在一起，你的友善就能表露無遺。點頭與笑容攻勢愈強勁，你的好個性就會愈受現場肯定。

退羞特效藥第57帖：沒別的，看人、點頭、微笑就對了！

別擔心你參加活動前沒擬好逐字稿，只消遵循人類聚會的鐵律，看人、微笑，適時點頭就對了，我保證大家都會很喜歡你的，因為一個熱鬧的場合永遠用得上好的傾聽者。你不見得能最上鏡頭，但最佳人緣獎你肯定有機會。當然你準備好了想講話，那是更好啦！只是不要有壓力就好。

奈特，我一個好朋友，話不多，但我不管跟他說什麼他都願意聽，而且聽完都會熱情地笑著說「是喔！」或「眞好！」。**他的反應好像一面樂觀的透鏡，什麼話穿過去都會進化成更好的東西**。跟他互動就是舒服，美麗而幹練的律師黛博拉顯然也這麼想，她最近有了個新的身分是奈特的新婚妻子。

我問過黛博拉跟奈特是怎麼認識的，她說奈特原本是她服務的客戶，「他眞的是很樂於傾聽，也很風趣，」黛博拉想了想，「然後他笑起來有點傻傻的。」我想她說的傻是可愛的同義詞。

第四十二章 忘了我是誰

熱情面前容不下害羞

眞的對某件事情有熱情，害羞就不是什麼太大的問題了，因爲熱情可以忘我，忘我當然也就忘記害羞。忘我的你開口說話，只會擔心辭不達意，熱情傳不出去，而不會擔心別人喜不喜歡你。**熱情一現身，害羞就只有靠邊站的份。若說熱情如火，那害羞一定是正在融化的冰。**

有這樣的體會，那年我才十二歲。當時我們隔壁貝克家有兩個男生，唐尼跟巴比，他們很喜歡欺負我，所以每次他們在外面玩，我就會趕緊跑回家躲著。

有個星期六下午我在家門前的走廊寫功課，寫著寫著，貝克家後院又傳來熟悉的笑鬧聲，於是我趕緊「包袱款款」要往家裡頭鑽，但說時遲那時快，背後一聲動物的尖叫聲劃破天際，這讓我轉過身去。

我看到的是巴比從尾巴抓著一隻可憐的流浪貓咪在甩，開心地把這條生命當玩具在玩，唐尼則在一旁用水管噴貓咪助興。那瞬間我完全沒有害羞的感覺，我丟下作業，本子滿地都是也沒在管，我只管拉高嗓門對著這兩個小人渣尖叫，就像老鷹準備要向下俯衝之前一樣。

這兩個XXXX（消音）的男生不以爲意，還是掛著笑容，甚至還把手舉高高，一副很光榮，還怕我看不清楚他們在幹嘛的樣子。不行了，我理智整個斷線，氣到掀蓋的我腎上腺素破表，車庫門邊的鏟子我順手一抓，高舉過頭，心裡頭喊著「殺啊！」，就朝著他們衝了過去。

嚇傻了的兩個死男生鬆開了貓咪，開始逃命，而貓咪也才得以脫身。我要貓咪回到牠的貓家人的身邊，幫牠呼呼，那是我當時唯一的想法。

這一切都發生得太快，直到回到自家門廊，我才意會到自己手上抓著一把武器。一開始我也不相信自己會有這樣的勇氣，我想是對動物的熱愛讓我本能地有了那樣的反應。

多年前我曾在大學兄弟會的「社辦」當DJ播音樂。我很喜歡音樂，只要DJ的狀態一上身，我就會像吃了無敵星星一樣，什麼人過來我都能好好講話，包括我平常只敢遠觀不敢褻玩的女同學。有些女生會過來跟我點歌，這也讓我的信心增強了不少。

——巴迪．C（Buddy C.），加州洛杉磯

忘記自我，放下害羞

很多書說參加研討會可以讓害羞好一些，作者會建議你志願發講義，搬東西，這些都是很好，甚至可說是非常好的建議。但如果你去參加研討會只是因爲那裡人多，那你還是沒把焦點從自己身上移開。試想，如果我是在動物保護協會的聚會上，而不是在自家後院遇到巴比跟唐尼，我滿腦子想的應該還是自己，而不是需要救援的動物。

重點在於**當你真的對某件事物心生熱情，你會忘記自己，你會把你的熱情放在自己之前**。

我現年四十八歲，十一年前離婚，當時我覺得很難找到第二春，因為害羞的我

不敢參加聚會，也不敢跟男人講話。不過我一直都很喜歡酒，也自詡是品酒達人。最近我開始參加一些酒類的鑑賞會，也遇到了一些很不錯的男士，因為大家都是愛酒中人，所以跟他們講起話來很自然，一點都不會乾，也不會緊張。

——唐娜．F (Donna F.)，西維吉尼亞州馬丁伯格市 (Martinsburg, West Virginia)

你呢？你對什麼事情存有熱情？

環境保護？要不要去淨灘？

非洲饑荒？飢餓三十每年都有活動。

醫療保健？你可以固定去捐血還可以策動社區居民一起加入你。

兒童福利？你可以號召愛心人士捐贈禮物，逢年過節給孤兒院的小朋友驚喜。

在地發展？你可以組織鄰里對抗財團或都更巨獸。

加入熱情所在的行伍，你腦子裡就不會出現「我好不好看？」、「我好不好笑？」、「我討不討人喜歡？」，你想的會是「動物／弱勢長輩／單親孩子／酒駕受害者／非洲飢民／四川災民需要什麼？大家能做什麼？」心思被大事給占據了，害羞這點小事就無立足之地；另外志同道合的人在一起，也容易產生值得維繫的友誼。

退羞特效藥第58帖：找到熱情，讓熱情帶動你

深思一下你在乎什麼，什麼事情讓你魂縈夢牽，思前想後。想清楚以後就去參加相關的活動，上網或看報紙都可以找到這類資訊，問題只在你想不想，有沒有行動力。尤其如果在地有一些非主流甚至小範圍流通的報紙，上面應該都可以找到你感興趣的活動或訴求。

不要為了參加而參加，有熱情是大前提，有熱情的事情你才會有動力一直去，不會後繼無力，你的害羞問題也才會從中受益。

熱情可以解決很多事情

熱情的力量超乎你的想像，即便哪天你很有自信了，熱情也可以幫助你的心理素質更上層樓。

就拿我自己來說吧，即便我自認已經克服了害羞問題，上台演講還是會讓我很緊張。我開過一家小公司叫「海上表演廳」(Showtime at Sea)，合夥人奇普是個工作能力

很強的同性戀者，我們一起從事的業務是替遊艇設計餘興節目。算是出差吧，我們一起走過世界上很多角落，從中我發現奇普除了能力強，內心也眞的是一個善良而體貼的好人。

他不幸染上愛滋病毒，我身爲朋友，陪著他度過了人生最後一段不算好走的道路。在他的告別式上，他的姊姊問有沒有親友想要講幾句話，結果有三四個親戚起身說了些奇普的好，聽著聽著我發現他們對奇普在工作上的成就一無所悉，對他們來說，奇普就只是他們看著長大的遠房外甥或姪子而已。

後來我實在聽不下去了，我的手像火箭升空一樣舉起，人則像裝了推進器一樣衝到台上，我想把我知道的奇普告訴大家，結果那個在工作上才華洋溢、私底下充滿愛心的奇普讓我欲罷不能了二十分鐘，完全忘記自己「應該」害羞。

那是我第一次在一群人面前暢所欲言，但我完全沒有想到這一點，至少當時沒有。我上台只是單純出於想跟人分享奇普生前的美好，讓他的家族即便在他死後，也能正確懷念這位心美的才子。

後來想起這段經歷，我才恍然大悟那是我面對害羞的一大突破，是日後成爲專業講者的起點。沒有奇普，沒有那天，多年後的我現在不會面對上萬人的場子也無懼色。

發掘你的天命，熱情會帶著你穿越死蔭的幽谷。

【第九部】
六個進修級的退羞必殺組合技

你有玩過大富翁嗎？知道那疊名叫「命運」的卡片嗎？有時候你運氣不好翻到「進監獄」，就得立刻到牢房後面報到，而且還不能領通過起點的那兩百塊錢。

放心，你不會因為第 1 到 58 帖藥沒全部做到就被抓去關，但如果你真的還有沒完成的作業，那我得送你回這本書的起點。這五十八個學分都是必修，沒通過的話後面的課程就會擋修。

從此刻開始，我們要進入「進修級」的課程。入門弟子才能學到的這些高階技巧牽涉相當廣，欲練神功你得發瘋、得不怕動物、得豁出去、得牽拖麻吉、得吃得演得花錢，還得跟陌生人在生命中交會，嗯，先這樣。

要說這些高階技巧只有一點一樣，那就是它們都很管用！

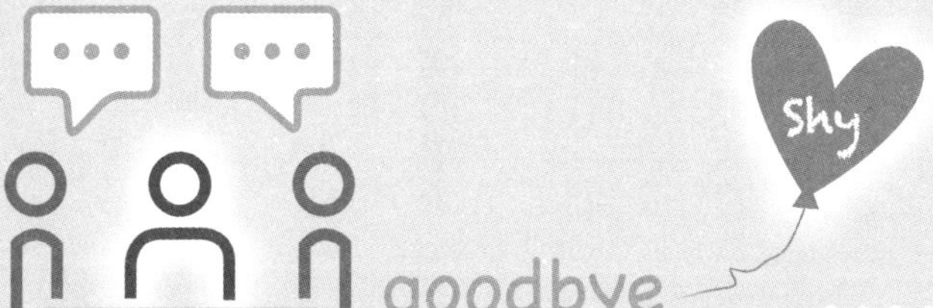

第四十三章 一天一發瘋，害羞變沒有

首先，把特效藥第16、17帖要你列的清單拿出來。在第16帖藥的那張清單裡，你列出了會讓你冒手汗、心跳加快，整個人幾乎要崩壞的情境，然後在第17帖藥的單子上，你把這些情境按你害怕的程度加以排序。

把這張黑名單放在桌邊，把行事曆放在另外一邊，然後開始給自己一週一挑戰（簡單的挑戰也可以隔幾天就好）。挑戰的可行性當然一定要考慮進去，你總不能請一個禮拜的假去做SPA，然後跟老闆說這是要克服你對按摩的恐懼吧，這種事情還是週末自己找時間去就好。

關關難過關關過

每完成一個挑戰，就把挑戰的難度再提高一些。假設你的目標是要能跟人隨興聊天，那你每週的進度表就會長得像下面這樣。

第一週：趁搭電梯的時候跟你認識的人聊天。等到這樣做沒有問題以後，再開始跟有點熟又不是太熟的人講話，最後的大魔王是在電梯裡跟不認識的人有來有往。

第二週：下班後散個步，沿路試著對人微笑。同樣人，有些人比較好親近，也有些人比較冷冰冰。你可以先從在學走路的好奇寶寶開始，慢慢再挑戰看起來兇巴巴的阿桑，最後你甚至可以挑戰你喜歡，所以最不希望失敗的異性對象。

第三週：先加入公司飲水機旁的八卦討論團，幾天後再邀同事午餐一起吃。

第四週：這週的「宿題」是隨機跟路人問路或問時間。「對不起，請問現在幾點啊？」等到這樣感覺不緊張了，再開始跟一起排隊要領錢或結帳的人聊天聊長一點。你可以恭維他們的小孩很可愛或衣服很好看，也可以問某位主婦她推車裡的是什麼菜，怎麼料理。

第五週：公司開會的時候多舉手講話，對別人的意見提出看法，等到你不怕了，就開始主動丟出自己的創見或提一些企劃。

第六週：打電話給異性，不一定是要你喜歡的異性，然後問她或他有活動要不要跟你一起去參加。女生也可以打給男生，現在是二十一世紀，女生主動已經不違憲了。

等到跟不是你的菜的異性可以好好講話了，下一步就是打給你喜歡的帥哥或美女。如果你已經結婚或死會了，那你可以把挑戰換成約別對夫妻或情侶來個雙重約會。

按照這樣的進度去自我挑戰，你可以把循序漸進，一步一腳印的好處發揮到淋漓盡致，「漸進式」的作法就是可以滴水穿石，害羞對你來說終將只是一時！

退羞特效藥第59帖：瘋台灣大挑戰

像個製作人一樣，用特效藥第16帖的黑名單去設計專屬於你的實境節目，作法是每週從名單上挑一項任務去挑戰，然後每天都有一個階段性目標要完成。當天的表現如果不滿意，可以自己決定重修一次、兩次、三次都沒有關係，每件挑戰你一定要成功的很徹底才行，這是在為你最終的成功打底。

好心提醒你：找理由是人性，不要給自己推託的機會。把所有可以逃避的洞都堵住，讓自己每天一定要面對該面對的挑戰，比方說你可以昭告天下自己要幹嘛，讓他們每天追著你問，這樣你就會有壓力而不敢想東想西。

第四十四章
把害羞當飯吃

中午加菜

既然每天都要自我挑戰，每天也都要吃飯，那爲什麼不把兩件事合而爲一呢？同時早餐太早，晚餐太晚，那就以中餐爲主吧。是的，你可以每天中午多安排一個加分題，讓自己的信心多一點練習。

假設你固定在公司的自助餐廳吃午餐，那你一週的行程可以排成下面這樣：

週一：早上經過公司的廚房問一聲中午有什麼好料。

週二：跟餐廳的人員多聊一會兒，誇獎一下昨天的南瓜派有多好吃，問什麼時候會再有。跟廚師說你想要黃金泡菜的食譜，問可不可以把裡頭的玉米換成別的東西，諸如此類的話題你都可以自由發揮。

週三：「路過」同事的位子，問他推不推薦正在吃的火腿蛋。

週四：邀請人中午跟你一起吃自助餐。

週五：找一桌你認識的人問可不可以一起吃。

其實沒有一定要怎麼做，**重點是每天都找點事做，有做就一定有收穫**。這就像做重訓一樣，你可以隨著肌肉變大塊而慢慢增加槓鈴的磅數，突然太超過的話會有受傷的風險。正確的做法是每天慢慢增加肌肉的負荷，讓二頭肌、三頭肌有時間達到你要的水準。

訓練自信就跟練二頭肌一樣，吃緊弄破碗，你想一步登天只會讓自己仆街。你應該每天多綁一點點重量在自己的腳上，很快你就可健步如飛讓中國古輕功順利回歸世上。我知道我很囉唆，但我必須再講一遍，幾乎所有專家或醫療人員都推薦漸進式的「退羞」成效。

退羞特效藥第60帖：把害羞一口一口吃掉

給自己每天一點點挑戰，也別忘了從最簡單到最難。

讓自己沒有退路，無法找理由，終極懲罰先準備好。假設你今天設定的挑戰是邀請人和你一起用餐，而你沒有做到，那就連你自己也不准吃飯。人餓起來什麼事情都做的出來，相信我。

第四十五章 害羞，就買到你不害羞為止

只是看看而已

跟銷售人員互動是非常好的社交練習，你喜歡血拼的話跟他們打屁更是有趣無比。

第一線的零售業櫃哥櫃姐的工作就是跟人講話，他們對找他們講話的人幾乎是來者不拒，所以千萬不要浪費了這種唾手可得的資源，這對需要練習講話的人來說，是取之不盡用之不竭的油頁岩。

我很討厭買東西，因為我不敢跟店員說我只是隨便看看，最後什麼都沒買我會覺得內疚，尤其是很多店員會自動介紹起來，我會不好意思。我很多東西都是用郵購，但其實郵購也很討厭，因為不能試穿，退換貨也很麻煩，我會郵購是因為不用跟人面對面。

——潘蜜拉．G (Pamela G.)，奧克拉荷馬州土沙市 (Tulsa, Oklahoma)

我寄了電子郵件給潘蜜拉，請她不用爲了這種事情內疚。我跟她說的也適用於每個人，我說的是店家或店員並不期待你買，因爲經驗告訴他們，每二十個人進店裡看來看去，只會有一個人會掏錢或刷卡。此外，很多店員是拿死薪水的，所以你買不買跟他們也沒有多大關係。

就算你眞的有東西要買，你也大概想好要買哪種了，去到店裡也不要太乾脆。你還是應該請店員拿別的選擇給你看，並且徵詢他們的意見。

你覺得他們會因爲你沒有買他們推薦的產品而生氣嗎？我不敢說絕對不會，但即便如此那也是很好的練習，你本來就應該堅持有自己的看法。

退羞特效藥第61帖：愛買沒有錯，不買怎麼活

騰出平日晚上或週末去買東西。很多人愛去大賣場只是覺得好玩，而不是有什麼東西非買不可。千萬不要覺得一定不能空手而回，或因為買得太少而良心不安。把重點放在跟賣熟食的，弄試吃的賣場員工聊上幾句，問問他們的各種建議，然後真的想的話，再酌量買點東西，隔天或隔幾天再反覆這樣的過程。能做到這樣就代表你不會被害羞牽著鼻子走了，這樣的你會知道被賣東西的人瞪一下，也不會怎麼樣。

第四十六章
人類最好的朋友，也是你克服害羞的幫手

養狗不是亂養就行

當然，跟陌生人閒聊很能增強你的信心，但要是不用機關算盡去跟人搭訕不是更愜意嗎？甚至你能讓別人來跟你搭訕，對你笑，說你好，問你可以滔滔不絕回答的問題，不是更美妙嗎？

我相信在別人給你的一大堆意見當中，一定有「養狗」這一項，而且搞不好還是排名很前面，很多人提到的一項。但我相信他們一定沒有講到一件事，那就是你要找隻特別一點的狗。所謂特別，是說能讓人在街上被你的狗給吸引住時，你會有借題發揮的空間，你可以說說自家狗狗的來歷跟血統，這我相信你一定不會沒話講。

找隻跟你有明星臉的狗

有辦法的話，找隻跟你有點神似或個性有點像的狗狗。「蛤？」你會問。說眞的，主人跟寵物間也可以有天作之合，而且這樣的組合有一種難以言喻的吸引力。我在紐約見過一位女士牽著她的阿富汗犬，大搖大擺地走在第五大道，我會記到現在是因爲她跟她的狗狗都有著喀什米爾等級的毛髮飄揚在風中，而且人狗都很會扭，從後面看來就像在走台步一樣，讓人想到麻豆。

女人，你養狗的首選一定是母狗（請平常心不要對號入座），而且就像那隻阿富汗犬的女主人一樣，你們可以把髮色弄得一樣，我保證看到的人都會在心裡給讚。

男人，貴賓犬跟博美狗就別想了，你只能選大麥町、杜賓狗或黃金獵犬這類。矮一點的，你可以選乍看之下凶神惡煞，長得像拳王的牛頭犬，也就是賤狗，不過得注意的是請找面惡心善的牛頭犬，不要找眞的很兇的，那樣會有反效果。

當然有些特殊的品種不便宜，你也不用去跟人比財力，因爲重點在有特色，不在於花錢，甚至我很鼓勵大家去領養，這樣不用花錢，更可以減少動物買賣的弊端。很多可愛的狗狗都在等待主人，等著跟你創造你們共同的開心回憶，這對人跟狗的兩個世界都是好事一樁。

退羞特效藥第62帖：招搖過市—把會走路的廣告牽著出門

男人拉著大狗會很man，女人用名牌狗鍊牽著小狗也很時尚。另外，準備一些人狗之間的故事可以講，然後就等著讓狗狗的魅力無法擋。

第四十七章 杞人憂天非絕症

四眼天雞症候群

假設害羞寶寶的公司迎新活動是今天中午在附近一間餐廳，他不能不去，但到了餐廳門口他遲疑了。我要跟新同事握手嗎？會不會沒有我的位子？我包包要放哪裡？萬一我把水給灑了，很丟臉怎麼辦？要是我忘記人的名字怎麼辦？要是我坐到仇人的旁邊怎麼辦？說眞的，我得誇獎害羞寶寶一下，他們眞的有潛力成爲很好的編劇，超會編故事的。

說到故事，你知道「四眼天雞」的故事嗎？那隻小雞被橡實砸到，就以爲天塌下來了，而很多害羞寶寶都跟四眼天雞同一個等級。他們的共通點是只要遇到不熟悉的事情，就會自己嚇自己，他們都相信所有壞事會在最糟糕的時點，全部一起發生在自己身上。

但我得說，你這眞的是在杞人憂天，其實你都知道什麼狀況該怎麼應對的，你只是以爲自己不行。有個研究給害羞患者出了各種棘手的社交狀況題，當然這是單純口試，結果受試者的得分出奇的高，顯見怎麼做他們不是不知道，他們只是不確定自己到時候做不做得到。

你在想自己到底該不該握手？但其實你知道可以先看看其他人有沒有在握手。

你怕水灑出來會很糗？你其實知道趕緊擦一擦就好，搞不好沒人會看到，就算看到又會怎麼著。

你怕忘記名字，叫錯名字？其實你知道說聲對不起就好，沒什麼大不了。

問題是害羞寶寶也許知道這些答案，但一緊張他們就會忘掉，然後當場變得手足無措。這就是何以上次你把杯子「車倒」，果汁流到鄰座同事的腿上，你會覺得自己的屁股上黏了三秒膠，全身怎麼都動不了。你會覺得有閃光燈像連珠炮打到你的臉上，彷彿狗仔隊會把麥克風湊上來逼問你怎麼辦。假設你有這樣的症頭，應該怎麼處理？

編齣鬼片

你一定知道有運動員會在腦海裡想像自己的成功，這是很多心理學家建議他們的做法。你也可以如法炮製。

假設你要參加一場晚宴的應酬。

第一步：出門前，把所有最糟糕的狀況都寫下來。要是我打嗝打到讓人聽到怎麼辦？要是我打破酒杯怎麼辦？要是我熱湯灑了，燙得自己哇哇叫怎麼辦？

第二步：嚇完自己以後，想想要是別人發生這些狀況，他們應該怎麼辦？別人的問題通常你都可以回答地很冷靜，條理很清晰。

第三步：閉上眼睛，在腦海裡想像你遇到上面各種狀況，想像你把給別人的建議用在自己身上。用同樣的流程把每種狀況都掃過一遍，直到你覺得自己的緊張好一點。

做好這些準備之後，即便最壞的狀況不幸如你所擔心地發生了，你也不用怕自己不知道該怎麼辦，你的身體會按照演習的流程自動避難，你將可以順順利利度過難關。

各種運動的金牌得主都想像過自己第一個衝線，接受大批觀眾的歡呼與記者媒體的簇擁。「視覺化」就是這麼好用，不然也不會那麼多人生勝利組在用。

退羞特效藥第63帖：想好災難如何應變，在腦海裏上演一遍

把所有最悲慘，你最不樂見的狀況都先想過一遍，算是一種發洩，然後再冷靜地穿上你為今晚挑好的鞋，帶著你預備好的解決之道大步向前。十之八九你的想法都是對的，重點是透過事前的視覺化讓你臨場發揮得出來。能做到這樣，禮儀權威艾美．溫德碧（Amy Vanderbilt）夫人在天之靈也會保佑你的，就相信自己一次吧！

「我完全不知道該怎麼辦！」

當然，凡事都有例外，遇到神也不太確定該怎麼辦的狀況，我們這些凡人不論害羞不害羞，又該怎麼辦？比方說叉子掉了，這時你心裡可能會有幾種聲音：

嘿，你真的是奶油桂花手耶，還不快把叉子撿起來！（選項A）

拜託，你懂不懂衛生啊？叫服務生給你支新的吧！（選項B）

笨蛋，叫服務生不就等於昭告天下你像四歲小孩一樣把餐具掉到地上，假裝那叉子跟你沒關係吧。（選項C）

等等，叉子亮亮地躺在那兒也不是辦法，還是神不知鬼不覺把它踢到桌子底下吧，反正你還有湯匙嘛，用湯匙是不能吃東西嗎？（選項D）

就在你盤算著種種奇怪的可能性的同時，有人會發現你面露驚慌又神色僵硬，於是有人會問你：「你還好嗎？」這會讓你囧到想死。

我曾經親身經歷過上述的叉子危機，當時它是掉在我的椅子下面。我知道用湯匙吃豆子會很奇怪，所以就索性都不吃了。等回到家吃自己（的三明治），我抽出了塵封已久，艾美·溫德碧夫人寫於一九五六年的禮儀經典。果然，在泛黃而有了年歲的書頁上，我得到了開釋，答案是B，示意讓服務生來幫你解圍，並得到一根金叉子，呃，是新叉子作爲獎勵。

除非你已經非常有經驗與自信，否則禮儀百科是你的好朋友兼社交導師。我知道禮儀這個詞有點老派，但是其實禮儀書也有與時俱進，早就不是你想像中死板板的

「新娘的媽媽應該穿什麼？」或「中國朋友結婚應該包多少？」、「非對象的異性生日該送什麼禮？」這樣的問題，更不會跟「情書大全」一起捆在二手書店的角落裡。我個人眼下最推薦的，是《曼拿小姐的千禧年聖典》(*Miss Manner's Guide for the Turn of the Millennium*)，裡頭有個章節標題是《如何避免呆呆地站著》。

各位，千萬不要在內心裡暗暗地打退堂鼓想繞過這一關，書中自有顏如玉，書中自有自信心。

退羞特效藥第64帖：大師在說，你有沒有在聽？

找本好的禮儀書來讀。沒人敢說自己哪天會遇上「餐桌上的南亞大海嘯」或腳踩到婚禮上主桌的桌巾一角，到時候你就知道什麼叫作「書到用時方恨少」。有專家的意見在心中作為後盾，你的焦慮一定會稀釋一點。這就像你騎車在路上知道交通規則一樣，至少警察抓不到你的把柄，他頂多就是笑你騎車有點慢，但絕開不了你的單。

第四十八章 站上信心舞台

終點有影了

在親身嘗試了上面所介紹的種種方法後，出了少林三十六房以後，我慢慢開始覺得害羞的陰影開始向後退了點。除了這些特效藥以外，我的空服員生涯讓我足足有兩年的時間反覆對無數的旅客說「咖啡？茶？（還是我的電話？）」，這經歷也增加了我不少的實戰能力。這個點上的我雖然覺得終點有影了，但就像電影裡還少了個最後的大高潮一樣，我總想著，也渴望著自己應該再與人群好好「廝殺」一番，才有資格受封為有信心的騎士，於是連著兩個夏天，我上了遊輪，做起了接待的工作。

能得到這份我心目中的好工作，我把第19帖藥又吃了一次。關鍵的早上我在家鬼吼鬼叫手舞足蹈了一番才出門去面試，然後遵循第38帖藥的指示，我先約了沒那麼想去的另一艘船探探口風，才去了我心目中最想去的那艘船面談。

身爲遊輪上的接待人員，我的職責之一是在出航後立刻辦一場單身派對。隨著彩帶落盡，送行的親友離去，我會以主持人之姿邀請未婚男女進到舞池裡。這是每週一次的例行性活動，而每次一開始都會固定上演男生偷笑而女生搖頭的戲碼，原因是這些青年男女很快就會發現男女比是一比三，所以想找對象的男生儘管上船，而女生就平常心一點吧。確實在封閉的船上，較少的男生會比女生吃香。

慧眼識英雄，良駒亦須伯樂

有次活動上，我注意到很反常的有位男士落單。我過去關心了一下，而他則很周到但略顯遲疑地跟我問了聲好，很有禮貌，只是聲音小的不得了，讓人有一種置身在圖書館閱覽室的錯覺。一般人的害羞雷達不會那麼敏感，但我本身是害羞寶寶出身，所以瞬間警鈴大作，就像X戰警一看就知道誰是變種人。

我知道一個禮拜太短，我幫不了這位奈德先生，但我還是本能地想死馬當活馬醫醫看。活動的隔天我邀請他到甲板上喝杯咖啡，跟他分享了我本身對抗害羞的心路歷程，聽完他看來有比較好一點，他說他知道自己聲音很小，有打算去上說話課。

聽他這麼說，讓我想起還是高中生的我，也曾想說學習演講跟發聲可以幫上點忙，話說我媽就是教演講的老師，而且還是美國數一數二的名師。我想說近水樓臺，就跟我媽學吧，我打的主意是讓自己音量變大，不要讓羞怯在聲音中被人發現。

但我媽說學演講對害羞沒用。她不是大哥，但她是對的。研究顯示演講課不是害羞的解答。要克服害羞，讓聲音傳達出信心有更直接的渠道，而且那還是條筆直的國道。

「奈德，我想建議你一個辦法，會比去上演講課有效，你願意聽嗎？」我試探性地問他。

他一臉狐疑地望著我。「你說說看。」

我說了。

「我考慮看看。」他含著無形的滷蛋，這麼回答了我。

那個星期六，遊輪行程告一段落。我跟有著數日之緣的遊客們道了再見，給了奈德一個祝福的擁抱，然後望著他的背影走下了船。

「奈德，保持聯絡喔！」我臨去秋波補了一槍。

但我當時也只是說說而已，沒想到事隔一年，我服務的船來到夏天的紐約，才一靠岸，就有人送上一打玫瑰到我的艙房，上面的卡片寫的是：親愛的萊拉，我是奈德，去年那個害羞的壁花，妳可以上岸一聚嗎？我有話跟妳說。」

我下了船，開始在人群中搜尋怯生生的奈德吾友，結果我還沒找到他，卻聽到有人以超乎人聲嘈雜的音量叫著我的名字：「萊拉！萊拉！看這邊。」喊聲的來源是個生龍活虎的傢伙，揮著手朝船的方向跑來。

「奈德？」我聲音聽起來一定很不可置信。這跟我印象中那個閉俗的奈德簡直判若兩人。

弄假成眞

在港邊的咖啡店坐定，奈德告訴我他聽了我的建議，報名了演員訓練班。他目前已經演過三齣舞台劇了，最新接下的角色是《慾望街車》(*A Streetcar Named Desire*) 裡討人厭的大聲公史丹利。想像著奈德穿著T恤在舞台上說著台詞、灌著啤酒，對著戲裡的老婆大小聲，我有一種恍如隔世的感覺。

「萊拉，」奈德說，「太神奇了。」他說因爲演舞台劇的關係，他現在已經可以不用麥克風就讓聲音傳到最後一排，還說他現在懂得運用肢體語言來輔助溝通了，另外就是排戲時所需要的眼神接觸讓他的人生有了天翻地覆的轉變，他說得一整個口沫橫飛。「如果我可以在一百位觀眾面前演出三種個性，當然也可以在二十個新朋友面前充滿自信。」

我害羞的問題能有所改善，一個轉捩點是我的好朋友拉我加入了話劇社。我們一起排戲，其中一幕是我要演一個超級外向的陽光少女。一開始我怕得要死，但在融入了角色以後，我反而下了台也害羞不太起來了。

——亞莉莎．L（Alisa L.），華盛頓特區（Washington, D.C.）

「那還是我嗎？」

奈德的遭遇讓我既驚訝又開心，後來我也會在害羞研討會上推薦有同樣困擾的朋友去學演戲。有時候他們會抗議說：「在台上演出外向是一回事，下了台還繼續假裝外向，那樣我還是我嗎？」

一開始，當然，你會覺得跟原本的自己有些許衝突，但你不就是不滿意於原本的自己才想要改變的嗎？你不是希望化身成新的自己，希望能充滿自信嗎？

在演戲的過程中，你在很多事情上還是你自己，包括信仰、價值與原則，不同的只是，你的聲音會變大，信心會加強，因爲不大聲後排的觀眾根本聽不到。有份研究是這麼說的：害羞的人會擔心自己的行爲能不能反映出眞實的自己，但跟像梅莉史翠普這樣戲路很廣的演技派一樣，你必須學會抹去所謂「眞我」跟角色之間的那條界線。

有位眞的很好笑的演技派唱跳女丑，我不知道你知不知道，但她眞的很有料也很好笑，重點是她原本小時候眞的是害羞到一個不行。她就曾現身說法過演戲對害羞的神奇療效。

走出自我，進入角色，匿名躲到劇本的背後，讓害羞如我也能演出精采的人生。

——卡洛．柏奈特（Carol Burnett）

退羞特效藥第65帖：假到真時真亦假

在舞台上假扮別人，可以讓你在現實中把最重要的「自己」這個角色演好。去學演戲吧！用大動作、丹田發聲，還有銳利的眼神去征服台下的觀眾與未知的前方。

第四十九章 信心的聲線

把信心下載到你的耳膜裡

開車的時候，你會聽著音樂，自己配上下面這類歌詞嗎？

我一整個害羞啊，沒人看不出來。
這兒我誰也不認識，我站著就像個白痴。
爛斃了，我完全不敢看人。
也不敢約我喜歡的女生。

說了被拒絕就算了，還會被當成笑柄。

有些害羞的駕駛人爲了讓腦中二十四小時的自我批判消音，會把電動車窗關上，把廣播音量開到破表。他們想說這樣可以分散注意力，但才第二首觀眾點播，他們就又開始自己給音樂配上虐心的自批了。

音樂 off，自信 on

先別管旋律跟歌詞，你聽過「以毒攻毒」嗎？嗯，這概念是說你要對抗某種聲音，就只能用其他的聲音，你不能用明朝的劍去斬清朝的官，就這個意思。坊間的有聲書是正向態度的寶庫，就等你一聲令下把悲觀掃出你的意識中樞。

最近我改掉了開車時聽音樂的習慣，開始放起有聲書。說到培養正向思維的說書人，您當然是我心中的王者麥可・傑克森，你的《說話的信心》就是流行樂之王的《顫慄》，勉強要選個第二的話，那只能是布萊恩・崔西（Brian Tracy）的《銷售心理學》（*The Psychology of Sales*）吧。你們所說的東西除了對我在工作上有實質的助益外，更重要的是讓我的思緒不會亂飄，而能夠專注在未來的計畫上。

——威爾・H（Will H.），伊利諾州芝加哥市（Chicago, Illinois）

威爾人眞好，來信還會提到我的有聲書，但其實我覺得大家想聽什麼都可以，不一定要跟溝通、自信、人際關係有關，你就是找你有興趣的東西，龐德教你怎麼修車啊，諧星老師談居家的風水啊，收納技巧啊，你開心就好。**重點是利用開車的時間多少學點東西，讓你下了車之後變得更有話聊**。

退羞特效藥第66帖：人可以閒著，耳朵不要

坊間有聲書超多，書店都有賣，不想碰馬路也可以上網路，下載非常快。要是不想花錢，圖書館的借書證去辦一張。總之不要讓你的耳朵閒著，MP3隨時備著，不要讓開車、跑步或閒逛變成單一的事件，雙聲道才是王道。虐心的自我批判可以休矣，熱血的、有趣的東西歡迎光臨。負面思想有毒，趕緊吐一吐，心理健康才能把害羞清場。

不喜歡非文學的有聲書，別忘了一堆小說可以選，我在這裡就不幫忙打廣告了，反正能出有聲書的小說都不會太差，不論是怪力亂神或風花雪月，都比你在那裡自己嚇自己好一萬倍。

【第十部】
慾望城市裡的害羞寶寶

很多人會想當然耳地覺得人如果害羞，在床上的表現也會比較差。當然不是說害羞的人都很勇猛啦，但也不是說表現不好就一定是害羞害的。真要提數據，害羞導致欲求不滿的比例其實很低，重點是要找到契合的對象，害不害羞倒不是重點。

真要說欲求不滿，害羞的人其實對心理連結的需求比較大，因為他們比較感性。談起戀愛，害羞者也是會比較「難搞」一點點，因為他們對愛比較投入。

害羞的人較常晚婚。

——《大英心理醫學期刊》(*British Journal of Psychiatry*)

單身的害羞寶寶聽著，我這裡分享幾個找對象的祕訣。不久的未來，《如何人見人愛》(*How to Make Anyone Fall in Love with You*) 的讀者會很知道我在說什麼，但我這裡會針對害羞的人做一點調整。我會有辦法讓你慢慢適應水溫，讓你不怕約會。

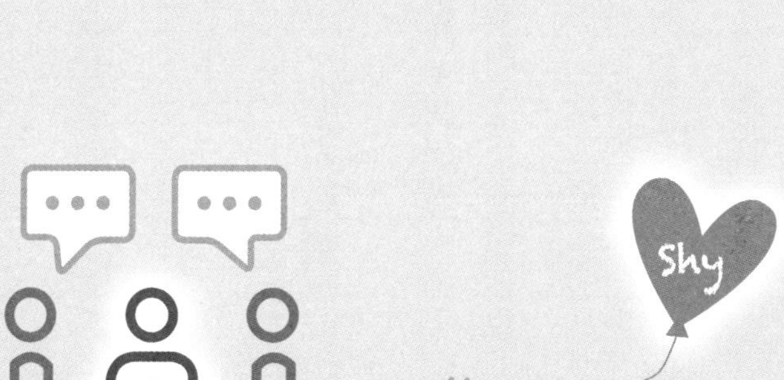

第五十章 愛人不難，找到愛人比較難

幾年前我在當志工的時候認識一個印度女生阿斯莎，時間久了，我們慢慢變成好朋友。我們無話不聊，包括性生活也不例外。

阿斯莎當時新婚，我問她跟他老公是怎麼認識的。「史蒂文跟我一起學畫，」她笑著說，「但他都靜靜的不跟人講話。」「我第一眼就覺得他還蠻可愛的，還主動跟他說『嗨』。他沒有回我，但我默默知道他很開心。」

「接著好幾堂課我們會稍微講到話，雖然話不多，但有交流。然後我想去看一個表現主義大師莫迪里安尼（Modigliani）的展覽，就問他要不要陪我去。」

「我們一起看了展，然後慢慢火燒了起來，我們就開始交往了。」阿斯莎又笑了，

「其他的事情就很正常，沒什麼好講了。」說到這她突然壓低了聲音。「他還是很害羞，但有件事例外。」她左右看了一下有沒有人在聽，「他好強喔！」嗯，我想我想歪應該是對的吧！

如果阿斯莎沒有倒追，她跟史蒂文不會變成一對。

> 我知道我太太如果不主動，我們今天也不會是夫妻。我們是相親認識的。我有一個高爾夫球友的太太跟我太太是同事，我們的初吻完全是我老婆的陰謀，我喜歡她歸喜歡她，要是她沒有大刺刺地倒過來表白，我應該怎麼也想不到她會喜歡我，更不可能鍥而不捨地打電話約她。
>
> ——大衛．D (David D.)，蒙大拿州大瀑布市 (Great Falls, Montana)

愛情沒有靈藥

有一本書，貨真價實地是大部分心理醫生或心理學家的床頭書，那就是號稱心理醫學聖經的《精神疾病診斷與統計手冊》(*Diagnostic and Statistical Manual of Mental Disorders*)。遇到任何大小疑難雜症，心理醫生或心理學家都會把手伸向這本書，而這本書也鮮少讓他們失望，即便讓他們不知所措的問題是害羞的人爲什麼比較難找對象。

害羞的人很怕被拒絕、怕丟臉、怕沒面子。他們會躲著不去社交，除非他們得到極其少見的某種保證，確定自己會被在場者無條件地全然接納。

——《精神疾病診斷與統計手冊》

第一次約會，你千萬不能跟對方說的是：「如果我們還有第二次約會的話，你願意保證愛我一生一世永不變心嗎？」。害羞寶寶當然也不會這麼講，問題是他們會暗暗地這麼想。

理論上，我們知道世界上沒有什麼東西是可以保證的，不論你是有自信、沒自信、一半一半，不管你是赤貧、小康還是郭台銘，更不論你是金城武、馬英九還是林志玲，愛情這種東西都是 chance chance，但實務上，**害羞的人絕對可以愛人，可以被愛，也可以幸福，這一點你不用擔心。**

害羞的才是極品

對害羞的你來說，只要找到對的人，你愛的往往會比一般人更深。只要控制得宜，而且兩情相悅，有害羞者參與的愛情往往會讓愛的雙方比交往更久的「正常人」更能體會到愛的深刻與歡愉。

遇到「識貨」的伴侶，即便是你的過度敏感也會得到肯定。

> 超級害羞的人只要能遇到剛好的另一半，很多特質就會得到正面的解讀。很多害羞者的配偶都會用特定的語彙來形容他們的伴侶，像是「溫和」、「謹慎」、「優雅」、「感性」、「有禮」、「誠懇」。
>
> ——《害羞：觀察、研究與診療》(*Shyness Perspectives, Research, and Treatment*)

害羞寶寶陷入情網，那叫自由落體

害羞的人爲何比起一般人愛的更熱切，陷得更深呢？這是因爲他們多半把內心的護城河築得格外深。一旦有人突破他們的心防，他們就會顯得特別脆弱，也會特別珍惜這份感情。害羞的人把愛人跟愛自己等量齊觀，甚至可以爲了愛人奮不顧身。

至於更容易愛上人？那是因爲害羞者通常不會有一長串的戀愛史，所以一旦他們心儀的人有所回應，那就像天雷勾動地火，一發不可收拾。害羞者跟他愛人的腳下會像出現一個天坑，兩人一起往下掉啊掉個不停。

這裡有幾個問題是你應該問自己的：

☼我這麼想談戀愛，跟我沒自信有關係嗎？
☼我會因爲太想談戀愛而來者不拒嗎？
☼我會需要身邊有人才覺得自己「完整」嗎？
☼我的愛會不會讓人窒息？
☼太害羞會不會讓我沒辦法參與另一半的社交生活，進而危及我們的感情或關係？
☼我會不會過度擔心另一半的人身安全或對我的忠誠？

如果你有很多題都答是，那你就有功課要做了。首先，想清楚自己面對這些處境有多無助，想想這些狀況對你跟另一半的關係有多大的殺傷力。再來就是你得專注於消除這些負面的想法，就像我們在〈第二部：別人到底怎麼看你〉討論過的那樣。只有把這些負面想法趕出大腦，你才能運用接下來要介紹的特效藥來覓得良緣。

退羞特效藥第67帖：愛之前，情緒體檢

在愛上某人之前，請先認真問問自己上面舉出的幾個問題：「是」的答案愈多，代表你情感上的依賴性愈強。把這些問題好好想一想，因為這些都是害羞的人常有的狀況。

稍微整理一下：害羞的人容易愛上人，但不容易愛對人或把人愛對。因此一旦有了對象，害羞寶寶的情路會比較艱險。所幸只要你步步為營，就可以閃過很多問題，你原本的苦楚也將昇華爲無上的幸福。比起一般人你陷得深，但也可能愛得深，這是把兩面刃。

萬一害羞的你受同性吸引……

保羅是我的讀者，也是同性戀，他來信提醒了我那廣大的同性戀朋友也一樣害羞、寂寞，一樣在茫茫人海尋找著眞愛。謝謝你，保羅，謝謝你的愛之深責之切，也謝謝你的文字一針見血。

我非常沒自信，多年來都是如此。我知道我得想辦法增強自信。寫這封信，我首先想說您的文字與話語改變了我的人生。我讀您的作品，聽您談事情，都常常覺得心有戚戚焉，您說的很多問題與狀況，乃至於缺失，都曾發生在我身上。但在尋求解答與進步的過程中，我察覺到自己走的比一般的讀者更如履薄冰。我希望以自身的狀況為例，讓您對跟我有類似處境的人有多一點同理心，也希望能從您這兒得到好的建議，畢竟我們不是少數。

嗯，前面的話說的有點隱諱，但聰明如您不可能沒感覺，沒錯，我是gay，是同性戀。四十二歲的我是男生，我這輩子交往過的對象很少，定下來的更少。我知道很多人以為男同性戀的圈圈很小，找對象應該不會多難，甚至有人想當然耳地認為同性戀者的生活可以跟濫交畫上等號，或至少也是伴侶一個換過一個，像一般人換餐廳吃飯一樣。我真的不知道外界怎麼會有這樣的印象，也不敢說一定沒有人這樣，但我得說這絕不是大部分同性戀族群的真相，尤其有些同性戀者年齡稍長，並不住在都會區，或是並不住在美國一些在同性議題上比較「前進」的區域，他們跟一般人對同性戀的想像就很不一樣。甚至我敢說雖然美國有一成的人屬於同性戀或雙性戀，但我們還是很辛苦地想要找到理想的另一半。

您的著作，包括有聲書，都可以說是上乘之作，但裡頭的內容都是針對異性戀者。我了解您本身並非同性戀，就跟您主要的讀者群一樣，更不會無理地要求您特別為男、女同性戀乃至於性傾向光譜上的每個頻段都寫一本書，那也太誇張了。

但話說回來，我要敦請您發揮您的影響力，告訴您的讀者一件事情，那就是在愛情的追尋上，男女都是一樣的，乃至於同性戀與異性戀者，也都是一樣的，並不會因為我們是同性戀就比較不煎熬，同性戀一樣愛得很辛苦，也一樣會害羞。我確信我不是這世上僅有的害羞的同性戀者，我們跟其他害羞的人一樣無助，尤其我們又生活在人口比較少的郊區甚至鄉村，這些地方的諮詢管道與資源都比較少，理解同性戀的專家更少。現狀是很多同性戀的朋友覺得自己是座孤島，朋友很少，遇到人際關係上的問題也無處求援，無處可逃。

很多我認識的同性戀，包括網友，也包括美國以外的朋友，都真的很希望能找到兩情相悅的對象，也都希望能擁有一份長長久久的愛情。我相信我絕對不是唯一不想孤獨到老的美國男同性戀。

——保羅．M (Paul M.)，德州達拉斯市 (Dallas, Texas)

我想告訴保羅，也告訴所有的讀者朋友：雖然在書裡我用的語言看似在性傾向上選了邊，但實際上所有的建議都沒有性別差異。有人說英文不算一種非常精確的語言，我們也都遇過不知道該用他還是她，但其實兩個都可以的時候。「潛在的戀愛對象」雖然政治正確，但讀起來實在太過冗長。就寫作與閱讀上的方便而言，「選邊站」是最可行也最實際的作法，「異性」一詞雖然對同性戀朋友不夠體貼，但畢竟是沒有辦法中的辦法。請了解我在用字上的選擇，只是單純出於簡潔與清晰的考量。我希望英文未來的演變可以更包容，更體貼，也讓我們作家的日子好過一點。

第五十一章 看，愛是找到的

身爲前害羞寶寶，我養成了非常愛觀察人的習慣。在機場、星巴克或聚會的場合，我的雙眼都會像雷達一樣掃過來掃過去，我喜歡看人之間如何互動。難過的是我常常看到悲劇重複上演。

男女眼神交會，你幾乎可以聽到他們的共鳴。在他們的兩人世界裡，音樂已然響起，愛情的張力瀰漫空氣。

可惜的是，男生什麼時候不害羞，竟然在這個要命的時候害羞，於是他開始裝酷，開始假裝不在乎。女生也好不到哪裡去，頭低的像在檢查機場的地板乾不乾淨。終於半分鐘過去女孩忍不住了，她偷偷瞄了一下男孩有沒有在看她，結果很可惜，害羞的他正東張西望。就這樣又過了半分鐘，男生終於克服了緊張，也嘗試偷看了一下，但女生已經不在原處，也不知在何處了。

看出來了嗎？要是他們其中一人有勇氣看一眼，笑一下，人生戲碼就會從悲劇變成喜劇。

女生稍微漂亮一點我就不敢看了，我知道自己一戀愛就會非常敏感，非常脆弱，我會讓她踩著我，踩在地上，踩不夠還會請她用力一點。我覺得我會「全面失控」。就因為這樣，我不看自己欣賞的女性。我也討厭自己這樣，但沒辦法，我就是這樣。我很擔心自己會因為這樣錯過好的姻緣。

——唐．G. (Don G.)，紐約州林登賀斯特市 (Lindenhurst, New York)

笑，就對了！

你應該聽過一句話是這麼說的：少了根釘，鐵蹄就做不成了；少了鐵蹄，馬就跑不成了；少了隻馬，騎士就無用武之地了；少了騎士，仗就打不贏了，仗沒打贏，王國就淪陷了。都因爲少了根釘！

上面的道理我們可以引申爲：少了微笑，話就講不上了；話講不上，約會就沒門了；約會沒門兒，愛情就無處滋生；愛情受阻，人生就難以幸福。都因爲你沒有笑！

微笑，可以改變人生。

不過面對自己心儀的對象，笑就不是光是笑那麼單純。很多單身的人都不知道的是即便有人看上你，他都還是會擔心一件事情，那就是怕你不願意跟他互動，這跟對方有無自信沒有關係，不愛吃閉門羹是人性。所以害羞的人更應該多笑，讓自己的愛情之門始終敞開。

男性限定

男人，先從你們說起。你看到一個女生你喜歡，你對著鏡子練習友善而溫暖的笑容，然後就衝，不用想太多。

你要知道的是她即便把頭轉開，也不見得是對你沒興趣。矜持是女生的反射動作，自古皆然，欲擒故縱，欲拒還迎，對很多女性來說是一種調情。

但你是男生，你沒有矜持的權利。即便是在《人類的墮落：亞當與夏娃》這幅名畫當中，亞當的眼神也是直直地盯著夏娃，而夏娃則是怯生生地眼睛不知往哪兒看，但其實她正拿著禁果在引誘著亞當。

女性受到注目時會把眼神移開，幾乎已經是大自然的鐵律，究竟是刻意還是無心已經無從分析。所以害羞如你並不需要覺得受挫，就把第9帖藥〈對不理性的自卑說不〉拿出來用；就算是九九九九黃金單身漢，就算是八星八箭鑽石單身漢，女生還是會裝一下，所以不用大驚小怪。

重點是，我接下來要講的事情。提摩西．帕伯（Timothy Perper）博士研究了男追女這件事多年，單身酒吧就是他的實驗室。他發現女性如果對某位男生有興趣，她會先不看他，然後再往上看，這部分大概會維持四十五秒鐘。另外你也可以從她「不看你」的樣子判斷出她對你有沒有好感。

如果她往上看的時候你也沒在看她，那這段關係就可能還沒開始就要結束了。反之，要是她往上看的時候剛好你看著她，表示她是故意在躲著你，那你可以再對她展露一次笑容，我會說她這次的反應一定會熱絡很多。

再下來你就可以開始靠近她，但拜託千萬不要搬出那些老掉牙的「把妹」話術，你就大大方方自我介紹，然後用一些無害的話題開始聊天就是了。

退羞特效藥第68帖：郵差總按兩次鈴

遇到喜歡的女生，請你要記得笑，而且笑一次不夠，要笑兩次，就像你做很多事情都要double check一樣。女生的基因與教育都要她們含苞待放，真相是除非她真的非常討厭你，不然你對她笑第二次看看，她的反應會比較放得開。

女性限定

雖然已經進入二十一世紀很久了，但很多女生還是深信男生應該主動。嗯，沒這事兒！在有份叫「女性非語言求愛模式：情境與後續」(Nonverbal Courtship Patterns in Women: Context and Consequences)的研究當中，研究人員用天花板裡的隱藏式攝影機拍下了單身派對上的互動。事後的觀察顯示男生若沒收到女生若有似無的非語言暗示，他們是不會採取行動的。至於何爲非語言的暗示呢？最常見的說出來簡單的嚇死人，就是**巧笑倩兮**。

從如此令人驚異的觀察結果出發，研究人員再調查了數百組穩定交往的情侶或已經修成正果的夫妻，結果又讓科學家們嚇了一跳，原來他們當中有三分之二的組別是女生先對男生笑，甚至先對男生講話。換句話說，先丟出球的是女方。

當然，要女生對喜歡的男生笑，要女生先示好，並不是一件容易的事情。但好消息是男生通常都拉不下臉承認自己沒有勇氣主動，所以只要妳手段夠高，他慢慢就會自我催眠妳什麼都沒做，他會把功勞通通歸給自己，而妳就可以解套了。

退羞特效藥第69帖：女人，喜歡他，就用笑推他一把

對喜歡的男性微笑，沒有妳想像中的難，而且妳愈笑會愈上手，這樣妳遇到讓妳小鹿亂撞的男生就不會手足無措了，笑會讓他朝妳走來。

我原本就害羞，遇到我想約的男生更是變本加厲。我去的健身房裡有兩個男生是我喜歡的類型，但我完全不敢直視他們，也不敢跟他們說話。我甚至還到書店裡去找書研究怎麼勾引男生，我有做功課，也選好了日子要衝衝看，但一到起跑點我又縮了回來。我就是沒有辦法克服害羞，我真的是嚇壞了，氣餒的我只能回家哭了再哭。

——狄娜．B (Dina B.)，堪薩斯州托比卡市 (Topeka, Kansas)

勾人心魄的眼神

有件事是確定的，那就是沒有眼神接觸，愛與慾望無法點燃。眼神接觸就像火花，一點點可能就夠，但如果多看幾眼，多添柴火，你配對成功的機會也會大大增加。

首先，你必須百分百確信眼神接觸是戀愛的必要條件。有份研究叫《眼神接觸對情愛關係的影響》(*The Effects of Mutual Gaze on Feelings of Romantic Love*)，裡頭證實了男女之間在對談時有無眼神接觸，往往就會決定愛苗滋生的機率。

何解？人類學家海倫．費雪 (Helen Fisher) 說這是動物的本能。不退縮的眼神可以誘發近似於恐懼的情緒。當你用炙熱的眼神注視某人，他的身體會分泌出一種類似腎上腺素的化學物質，而這物質會讓人覺得刺刺的、癢癢的，讓人激發出情慾甚至肉慾！

心理學家研究愛情，常常會使用一種魯賓量表 (Rubin's Scale)，來判定兩人之間的互動狀況。發明這量表的心理學家叫吉克．魯賓 (Zick Rubin)，他做了一項研究來「測量愛情」(Measurement of Romantic Love)，結果魯賓發現兩人若深陷愛河，互相注視的時間便會明顯拉長很多。陌生人彼此對談的時候，平均互看的時間大約僅有交談期間的三到六成，若是有自信的一對情人則可以高到七成五。

我不能騙你說用眼睛去放電很容易上手，但只要你先練習過就不會太嚴重。我一再強調練習，像第22、23跟24帖藥都很重要。要是沒練習夠，就請你先回去把這幾種技巧弄熟，貿然上場只會影響你日後的信心，甚至留下陰影。

要是眞的覺得困難，請善用特效藥第26帖，看著對方時默默說著「我喜歡你」。

「我眞的、眞的、眞的、眞的很喜歡你。」

練習夠了就上吧。接下來的這帖藥可以讓你的眼神變得挑逗，讓你看起來深情脈脈。這帖藥男女通吃，但以男生對女生尤其有效。

對心儀的異性打招呼時，把關靜音的「我喜歡你」加碼成：

「我眞的很喜歡你。」

「我眞的眞的很喜歡你。」

「我眞的眞的眞的很喜歡你。」

「我眞的眞的眞的眞的很喜歡你。」

「眞的」的次數累積愈多，你的眼神接觸就會愈強烈，而這點也會在對方的反應中表現出來。

很多話不方便說或不知怎麼說，這時候額外的眼神接觸就會非常好用。

退羞特效藥第70帖：我真的、真的、真的、真的很喜歡你

面對喜歡的人要加強電力，你可以邊注視對方邊默念「我真的、真的、真的、真的很喜歡你」。加強語氣自然就會加強電力，這樣即便你話少的像都市裡的星星，手汗滴得像下雨，也不用擔心心意傳不出去。

進入到正式的交往關係後，你可以把「喜歡」換成「愛」。「我眞的眞的眞的眞的很愛你」是一句咒語，可以讓你的眼神散發出難以言喻的魔力。

第五十二章

預習愛情

情場如戰場

體驗過的人都知道，情場時而是刀光劍影，時而哀鴻遍野，四處悲鳴。即便是蠻有自信的人，也不能否認「情場如戰場」，我們都要進化成更好的人，否則就只有被淘汰而滅絕的份。我這裡有些很困難的問題，請各位答答看。

首先男士們，爲什麼有的女人正，有的歪？

解答：正的就是正，歪的，嗯，就歪。

輪女生。爲什麼有人是歐巴，有人是青蛙？

解答：歐巴就是歐巴，青蛙就是青蛙。

男生女生一起。爲什麼你跟正妹或歐巴講話要緊張，跟歪妹與青蛙不用？

解答：因爲我們以爲帥哥跟正妹不用吃飯，不用上廁所，不用洗澡就會香，不讀書也可以上台大。

男生尤其會以爲漂亮的女生是來自星星，但這種想法當然很瞎。就以我擔任空服員跟（還好）很短暫的模特兒生涯來看，漂亮的女人眞的就是個人，七情六慾優點缺點一樣也沒少，重要的是她們也要人陪，而且也不是誰都讓陪。

不論走到何處，美女都有能力讓堪稱優秀的男生變得結結巴巴外加手足無措。這裡有個實際的案例：

我必須說我平常是不怕跟女生講話的，但最近我煞到一個公司附近一家鞋店的正妹店員。每天下班回家我都會透過櫥窗看到她，有幾次她看到我，還對我笑，而我總是想著哪天能認識她，要跟她說什麼，為此我精心準備了文豪等級的台詞，也排練過了偶像劇男一的笑容。我沙盤推演了她會說什麼，我要怎麼回答，怎麼能把話題帶到可以一起出去。嗯，我事前真的有做功課，想像也很美好，但等到我站在她面前之後卻完全不是那回事，我開始句不成句，手汗像用噴的，就連很多字的發音都忘記。她說我臉紅成那樣很可愛，也不介意我弄倒了一整排鞋子，但我還是衝出了店門口，那之後我也都故意繞路走。

——波里斯．Z (Boris Z.)，俄羅斯莫斯哥市 (Moscow, Russia)

我們怎麼能克服跟帥哥美女說話時的緊張呢？有一個辦法是你可以約一些外貌算出眾，但不是你的菜的朋友出來練習約會。這樣好像有點殘忍，但卻是個可行的辦法。

熟能生巧

各位親愛的讀者，請原諒我說話太直接，太無情，但人活著就是要面對現實，現實是總會有些人你覺得還好，但對方把你當寶（當然反之亦然）。夠狠的話，你可以好好利用這一點，你可以確認出一位這樣的人，然後約對方去高級餐廳，對她甜言蜜語，問她問題當成一種練習。另外，你還可以點瓶酒與她共享，天冷了把外套讓她披，上下車攙著她。這樣一方面是在日行一善，一方面你也可以練習約會。

這原理是漂亮的對象見多了，也就不稀罕了。而且熟能生巧，邀約的次數多了，即便是約你喜歡的人也沒什麼大不了。

這個方法對女生來說更加方便，因爲姿色中上的女生都有一池子的青蛙可以選，妳可以隨便挑幾個出去練習。就算他們不約妳，妳也可以約他們，我保證他們會很高興，女生主動已經沒什麼汙名了。

上面這是第一關，再來你可以跟稍微有點挑戰性的人出去玩。反覆這個過程直到你不怕對眞正是你的菜的人下手。

讀到這可能有人會擔心玩弄人感情的問題，我同意，所以請大家善待這些情感上的「語言交換」，不要讓他們受到傷害，主要是你在互動上要拿捏好分寸，盡量做到在一起的時候開心，各奔東西的時候平靜，牽涉感情的事情一定要非常謹慎小心。

有時候我覺得好像只有條件差的人才會約我，而我根本不想浪費時間在他們身上，自尊心強的我總覺得下一個會更好。總之有個叫卡爾的男生我稍微喜歡過他，但我們交集很少。他在跟我同一棟商辦的十八樓上班，我在二十樓。我覺得他有點喜歡我，因為他看到我都會笑。有天我搭著電梯向下，卡爾剛好進來，我一時語塞，而這麼高的一棟大樓坐電梯本來就久，冷場感覺直逼西伯利亞。最後他笑著說了一句：「妳今天好安靜喔！」這是我最討厭聽到的評語。我頭低低的，然後他又說了：「妳是不是害羞啊？」我想說不是，但又緊張到說不出話來。他接著說週末有朋友要帶女朋友去看比賽，問我想不想跟。我很想說好，但我沒去看過美式足球比賽，也不知道該如何回應。就在我猶豫之際一樓到了，而我簡直是用衝的出去（現在想想自己也不太敢相信）。經過這慘烈的一役後我幾乎不敢看他，他也沒再對我笑了。

——蘿芮．H (Laurel H.)，德拉瓦州斯麥納市 (Smyrma, Delaware)

蘿芮，按妳信裡所寫，我覺得妳好像不管到時候會有多少男生在場，都應該去的，就算是青蛙妳也可以跟他們聊美式足球，聊球經跟在現場爲了輸贏跳上跳下，鬼吼鬼叫，也是一種學習，說不定學會了這東西妳就能好好面對卡爾了。

退羞特效藥第71帖：約會也要實習

約會也可以由淺入深，先從不讓你那麼喜歡，所以也不會那麼緊張的對象開始。用這樣的方式來練習接近人、約人，練習打扮、聊天、曖昧、共舞、點餐、甚至是耍帥，總之熟能生巧，約會次數愈多，打的小怪愈多，你就愈有經驗值挑戰最後的大魔王。

一個提醒，一份小禮

最後我想給大家一個提醒跟一份小禮，或者說這個提醒就是一份小禮。

首先，雖然說是找你沒有特別喜歡的，但也不要爲了貪圖方便而隨便約一個。這是我的提醒。

你還是稍微挑一下，平常心去約會，搞不好你會不知不覺愛上對方，原本的跳板搞不好會變成目標，過程搞不好會變成歸宿。愛有時候就是這樣難以捉摸，你也毋須預設立場，就當有美好的東西跟一個不討厭的人去分享，然後讓感覺當你的嚮導。不要說不可能，有時候別只顧著追著天邊的彩虹，腳下的鮮花你也要小心別錯過。

第五十三章 電腦「揀」的喔！轉機還是危機？

人類有史以來第一次網路無所不在，這是一種幸運，不少人在網路上結交到志同道合的好友。但交網友會讓害羞寶寶更不知道跟人面對面是什麼感受。

網路還讓很多人可以在家工作，不用在公司與家人之間奔波，但害羞寶寶若當soho族（自由工作者）只會更缺少人際互動。

網路上可以查到絕大多數你想知道的事情，但毋須開口問人只會讓害羞寶寶的搭訕技巧益發生疏。

我不害羞，至少躲在電子郵件背後的我不害羞。我用電子郵件與人溝通已經三年多了，當中不乏很多很優的男生。用電郵的好處是我可以慢慢想，慢慢寫，覺得不好還可以改，最終的成果我可以反覆地讀，讀到自己覺得滿意再寄出去都行。這讓我有一種安全感，我會覺得自己不容易說錯話，不容易被誤會，對方的回應也會比較不會有意外。

——莎拉．F (Sarah F.)，麻塞諸塞州 (Northampton, Massachusetts)

莎拉，妳這能叫不害羞嗎？站起身來，離開電腦，妳能好好跟人面對面講話嗎？妳總不能在活人面前也先每句話想個五分鐘再出口吧。面對面說錯話妳可沒有刪除鍵，更別提人的個性與人與人之間的頻率差距都會在現實世界中浮現。

網路上的良好互動可能只是一場誤會，他們的優質可能是假象，甚至可能是一種欺騙。妳確定文字中呈現出的高大挺拔，才華洋溢，外加溫柔體貼，眞的也存在於網路另一端的肉身上嗎？

我傳了封電郵給莎拉，問她這些黃金單身漢長得什麼樣，她說她不知道，因爲她根本沒見過他們本尊。嗯，我只能說洗洗睡吧。

網路上也有不敗的戀人

網戀不是不能成功，事實上確有不少螢幕上的火花修成正果而且長長久久。搞不好你就有朋友是在網路上徵友，有人回覆，兩人先在網路上聊，聊得投機交換眞相（照片），接著通電話、見面、約會、上床、結婚，就是這麼回事。

但很可惜，害羞的人不適合這條路。害羞的人會卡在網路上，永遠約不出來，就算勉強約出來，害羞的人也會因爲一次不來電而一蹶不振。網路交友對有自信的人都是一種挑戰，對害羞的人來說更是會「動搖國本」的大冒險。

我一個好朋友安妮算漂亮，工作能力強，又會打扮，而且她也知道自己的優點。爲了脫離單身，她在網路上徵友，收到的來信有幾十封，其中她回信的有六個人，通電話的有四個人，交換眞相的有三個，同意見面的兩個。

第一個見面的地點是一家知名餐廳，兩人約七點。她跟約會對象說她會穿黃色的褲裝，外加橘色的長版圍巾。

安妮很準時，在吧檯上找了個位子等。這中間有幾個男生經過，但她不能確定。

七點四十五分，她買單走人。

八點鐘，我的電話響了，安妮的聲音聽起來很崩潰，她抱怨：「我這輩子第一次約會被放鴿子！」前面說過安妮算有自信，所以我知道她今天是眞的有點受到打擊。她說：「萊拉，他一定有來，而且他一定是看到我的樣子才決定離開。」

這之後她也沒有苦盡甘來。後來她又在網路上認識一個醫生，也約了在餐廳見面，結果餐前酒還沒喝一半醫生的手機響了，說是醫院有急診他必須回去，於是精緻的晚餐她是一個人吃的。

「他有道歉，」安妮說。「他說那天的吃飯錢他會給我。什麼嘛！我又不缺錢吃飯！不喜歡就算了，有錢了不起喔。」

這還是安妮算有自信喔，要是內心比較脆弱的人，這樣的打擊應該會是毀滅性的。不要拿剛剛有點起色的信心去冒這麼大的險。網戀不是不行，但千萬請先在現實世界裡練習夠了再嘗試。

退羞特效藥第72帖：網路交友，不是給一般人玩的

網路交友不是不行，但你要想清楚風險。站內信可以很好玩，但見面就會有變數了。要不要拿輸贏這麼大的作法去賭你好不容易累積起來的一點點信心，是你的決定，我個人不是很建議。

有天你真的自信有了，自信多到滿出來了，自信高到別人叫你不要那麼驕傲了，

我才會建議你去考慮網路交友。此時你問我的意見，我還是會要你小心再小心，千萬不要輕易點下「送出」鍵。網路交友就像花式溜冰，連直線前進都有問題的你，適合嗎？這是你自己要思考的問題，我會說眞的不急。

第五十四章 選系不選校，志同道合更重要

「異性相吸」是句老話，但是句眞話，只是異性間的吸引力也有賞味期限；眞正要長長久久，「臭味相投」才是很多事情的解答。對於害羞的人來說，愛情更應該盡量跟興趣合而爲一，好處讓我說給你聽：

①從興趣出發，你會比較有勇氣跟人講話。

②從興趣出發，約人感覺一定會比較自然。

③從興趣出發，兩個人出去不會那麼尷尬。

喜歡什麼都沒關係，香菇都可以

幾年前我去大學演講，之後順道參加他們的教職員野餐，大夥坐在草坪上聊天吃漢堡。當中我注意到有個年約四十幾的男性獨自坐著，一下午都沒跟人互動，於是我找了位女老師打聽。

「喔，你說華格納教授啊，」她說，「他是生物系的系主任喔。人很好，很客氣，但是很害羞，也很少主動找人講話。要看他自然講話大概只有課堂上吧。」她說到自己都笑了。「話說你不要在他面前提到香菇喔，他會沒完。」

這位害羞的生物系主任引起了我的興趣，我想跟他認識一下，於是我走了過去，介紹了一下我自己。第一印象告訴我他確實害羞，而且還不是普通的害羞。

我首先發難，「嗯，透納老師跟我說你是香菇專家喔！」

「喔，對啊，」他愣了一下才回答，可能沒料想會有陌生人主動找上門來問香菇。

「我從小對香菇就很有興趣，」我很鎮靜地鬼扯，「你可以給我上堂簡單的香菇課嗎？」

他打入一檔，慢慢開始滑行，然後就像透納老師警告過我的一樣，過了事象地平線[1]後華格納教授開始欲罷不能，我們的對話中開始出現松茸、雞油菌、牛肝菌、松露，乃至於其他我猜只能是香菇名字的音節。其實說我們在對話，不如說華教授在演講，因爲從頭到尾我只問了一句：「這吃了不會死人吧？」

能當到教授當然不笨，他很快就發現我說喜歡香菇是騙人的，於是他又縮回了寄居蟹的殼裡，不過他眞的很有風度，除了笑笑以外沒有怪我什麼。冷場了一會兒，他終於擠出一句：「我這人有點害羞，很對不起。」他臉上的表情我看過無數次了，那種害羞寶寶典型的「我生於地球但不屬於地球，占了大家的位子眞的很抱歉，太空船一發明出來我立刻走」的那種表情。

這時我告訴他我是作家，而且在寫一本講害羞的書，希望能跟他聊幾分鐘。他不置可否地算是答應了下來，但回答還是短到一個極致。

我把話題導到他的生活上。這時他說四十二歲的他還是想結婚生子，但他實在是不敢跟女生講話。「一方面我沒地方認識女生，」他說：「一方面現在想結婚也太晚了，同事的小孩都十幾歲了。」

1 黑洞周圍的邊境，即稱為事象地平線。

「教授，」我說，「你知道有香菇的社團嗎？我指的是給香菇控聚會的那種，一群懂香菇的人湊在一起聊香菇，你知道我在講什麼嗎？我說的是研究香菇，不只是研究怎麼吃香菇喔。」

我的問題他懂，但又好像不是很懂。總之他說了：「嗯，有吧，有，但我去這種地方沒用啊，他們懂的不可能有我多。」

嗯，他沒聽懂。「教授，」我沒在怕的，「我可以給你個建議嗎？」他點了點頭。「我覺得你可以找跟香菇有關的活動參加看看，他們應該會很歡迎你這樣的專家蒞臨指導。我非常建議你試試看。」

這時突然下起毛毛雨，野餐得收攤，我也跟教授說了再見。

當下香菇教授沒有答應去參加活動，讓我有點難過，我真的相信他可以在這樣的場合遇見志同道合的朋友。不是有個愛紅酒的害羞女從西維吉尼亞州寫信來說她在品酒的場合中悠遊自在嗎？我想香菇之於教授就會如紅酒之於唐娜，這兩種東西的香味都有讓人放鬆的力量。

進擊的教授

就這樣，幾年過去了，那間大學又找我去演講。這次講完以後我順便問了校方華格納教授的現況，請他們代我向他問聲好。

「我給妳他的電話好了。」校祕小姐說：「妳直接打到他家應該沒關係。」

我按照學校給的電話撥了過去，接電話的是女人的聲音，而且是很好聽的輕聲細語。我說我要找華格納教授，然後我聽到那位小姐溫柔地喊了聲：「麥可，電話喔，有位女士找你。」

他感覺很開心跟我講上話，而我也趁勢問了他：「接電話的小姐聲音很好聽耶，跟你有關係嗎？」

「喔，有啊，那是我內人，她真的很棒。對不起我結婚好像應該打電話跟妳說的。我們幾年前聊過之後，我想了想妳的建議，也真的找了一群跟我一樣對香菇有熱情的朋友，其中一個就是我現在的太太珊卓拉。我們一開始也是不敢跟對方講話，她害羞也不輸我，但有一次例會去田野調查，我們剛好走在一起，於是兩人就這樣聊了起來……。」

教授跟她太太都喜歡香菇，香菇是他們的媒人，現在他們都喜歡的是彼此。

退羞特效藥第73帖：從熱情出發，從朋友做起

上網搜尋一下你愛好的事情，然後用社團、俱樂部、協會、同好等字眼來縮小範圍，最後再看哪些離你居住的地方比較近。鼓起勇氣去看看無妨，最低限度你可以交到朋友，運氣好點還可以找到男女朋友。

去就對了，朋友沒有在嫌多的！

你怎麼知道不會有跟你一樣喜歡香菇、茶道、魚拓、警匪片、板球、極光、高空垂降的人呢？直到今天，我都還津津樂道於教授跟他夫人的香菇情緣，沒想到香菇也可以是這麼浪漫、這麼催情的東西！

第五十五章 準自信者的限制級害羞藥

如果按照第70帖特效藥的標準，你已經可以自在地對喜歡的人眉目傳情了，那我這兒有一個堪稱成人級的同場加映。

深愛彼此的兩個人會有一種狀況，那就是互看的眼神相當之迷濛。即便是偶爾要眨眼或看路，他們也會盡快把注意力回到另外一半身上。

害羞寶寶專用的戀愛絕招

我想男生的眼神在女生的臉上徘徊，沒什麼好奇怪的吧，甚至你眼神中流露出的仰慕還會讓女生非常感動呢。

如果要長看美女的眼睛你還是不行，這會是個很好的替代方案，你可以短暫地中斷眼神接觸，但注意力不要離開她身上，尤其不要讓她覺得你分心了。四目相交太激烈了，你還可以欣賞她細緻五官的其他四官，總之就是不要脫離她的臉龐。

退羞特效藥第74帖：是個男人，就看著她的臉

男生，你如果必須中斷眼神，也不要讓她覺得你有別的事要忙了。你可以好好欣賞她的臉龐，可以用眼睛親吻她的嘴唇，然後再回去跟她的眼睛廝殺。更有把握一點，你也可以趁眼神接觸的空檔去關心一下她的粉頸或香肩，至於若電梯要再往下請你先跟她正式交往。

害羞女生，眼神一樣很殺！

女生不怕害羞，怕妳不會善用性感的雙眸。自信的女人都懂這招，又簡單，又有效。跟男生眼神接觸的空檔，聰明的女生會看男人的胸膛，他的身軀，然後才再看回

他熱切的眼睛，外加用微笑給他一點肯定。
再害羞的女性也有稍有自信的時候，把握時機試試上面的場景。趁男人對妳說話，妳就若有似無地掃視一下他的胸膛，然後一樣微笑表示妳的欣賞。這時候要點害羞其實不壞，因爲那表示妳多少有點想歪。妳會看到他立刻得到鼓勵，身體每個部位（我主要是說眼睛）都會特別用力。

退羞特效藥第75帖：女生，眼睛不用太安分！

女人有很多特權，包括用眼睛吃男生豆腐。眼睛亂飄時，如果男生可以看到肩膀，那女生就可以看到身體。利用這個特權去欣賞他結實的胸部，然後對他笑表示滿意。相信我，男生絕對不會介意的。
我想不用我多說，這麼做絕對是女性限定，因為男生這樣做會很猥褻，所以千萬不要亂來。如果不相信你可以試試看，但請你先準備好被抓去關。

第五十六章 害羞更要打扮

戰鬥服，或至少是打獵服，是很講究的，太中性絕對是不建議。

女生請注意，妳的衣服都是好東西，甚至是所費不貲的名牌或精品，所以妳以爲男生就會覺得老穿著褲裝的妳品味很好，很令人佩服嗎？我要打一個超大的問號，我會說男生就是喜歡打扮像女生的女生。

男生，你自己喜歡看女生穿的少少的，所以你覺得女生就會喜歡你的無袖襯衫跟超緊牛仔褲，對嗎？嗯，恐怕不太對。大多數女性喜歡的是品質、搭配與合身。

這並不是空口說白話。「性相關行爲資料庫」(Archives of Sexual Behavior) 裡有份研究證明了男生沒有特別喜歡女生穿什麼，但是女生要穿出魅力，女生則希望男生穿出質感與品味。

我希望你已經把無聊的衣服打包好捐給慈善團體，開始穿得有趣跟性感了。如果你還沒，請回去複習第35帖藥，確定你眞正體會到外表的重要性之後，再回來跟我探討戰鬥服或獵裝長得什麼樣。

這次是要談衣服，所以女士優先

小姐們，男生其實分不出妳身上穿的是香奈兒還是家樂福，他們也不在乎，他們在乎的是妳露出來的部分，肩膀啊，乳溝啊，腿啊，男生就是有這種看「重點」的超能力，不然他們就不是男生了。

我們當然不希望打扮得像晚上上班的女生一樣，所以女生要學會性感但有質感，給男生點甜頭但不亂露。比方說，我們可以穿件保守的外套，但裡面是一件深V的襯衫，這樣當你「不小心」忘了把外套扣子扣緊時，目標男性就會看到妳想給他們看的東西，至於是什麼東西就不用我說了吧。

同樣的道理，裙子的長度也是門學問。抓得剛剛好，就沒人能說妳穿得不得體，但妳的長腿就是會出來透透氣，這樣遇到喜歡的男生妳才有「表態」的彈性，沒看到順眼的妳也可以保護自己。

上面我說話可能有點限制級，但請不要誤會，我不是要各位丟掉羞恥心，我只是希望大家不要繃得那麼緊。

剛開始穿得比較辣，妳會覺得很多人在看妳，妳或許會覺得不太習慣，但跨出這一部有很多好處。除了男生會多注意到妳以外，妳也可以學著欣賞自己的身體，這對妳的自信絕對是無害有益。

退羞特效藥第76帖：女人，就是要穿辣點

對害羞的女生來說，要刻意讓人注意到自己是一種會使人天人交戰的事情。但妳這麼想吧，人穿衣服本來就是看場合、看功能。去打球妳會穿運動服，跑半馬妳會穿機能褲，去游泳、打網球、打壘球、騎馬、跳傘、辦桌、喜宴、國宴都有不同的服裝「規定」。現在妳要去「找愛」，當然也有某種「建議穿法」，而我建議的就是妳可以穿得好像在暗示什麼，但又沒有犧牲掉妳任何一條原則。性感在一條界線內，是可以讓人覺得很舒服的，至於分寸我相信妳可以自己去抓。

男生，該穿露一點嗎？

除非有特殊情況或場合，否則答案一定是不要。男生眞的還是包緊緊比較好。可能有人會不知哪來的想法覺得女生會喜歡肌肉，嗯，這我不敢說，但就算喜歡肌肉她也不會太喜歡你讓肌肉沒事露出來。無袖的上衣跟過緊的下半身，基本上對男生來說都是扣分。

女生其實對男生的衣服是很挑的。我在研討會上分享說女生在意男生穿什麼衣服，遠甚於男生在意女生穿什麼衣服，與會者往往是一片驚呼。

「怎麼會？爲什麼？女生會在乎我穿什麼東西？」是很多人的問題。

各位男士，這是一種遺傳基因。

「這是一種什麼？」

這是一種女人的基因，會穿衣代表這男人有能力照顧自己，有能力照顧自己才能照顧女人跟小孩，這是女生千萬年來演化下來最在意的事情。當然這是一種下意識，很多女生也沒辦法解釋，總之衣服搭配的好，表示這男人有好好過日子，而衣服的質感好表示這男人在意東西的好壞，也有能力負擔。

退羞特效藥第77帖：男人，品味與質感是基本原則

男生的衣服不在多，在好。說到穿衣，女生的品味就是比較好，所以男生買衣服最好抓姊妹或媽媽一起。投資幾件像樣的襯衫、休閒褲跟鞋子，如果工作上需要穿得比較正式，就砸點錢買套可以久穿的西裝。搭配是重點，千萬不要黑長褲去配咖啡色的皮帶或鞋子，也不要白色短襪去配過短的西裝褲，那會很恐怖。

第五十七章
性是性，愛是愛

有次回老家我遇到琳達，琳達是我高中時對街的鄰居。敘舊時我們笑著聊到以前的街坊八卦跟我們打工當褓母照顧過的小朋友。琳達有個很漂亮的妹妹叫卡芮娜。高中的時候我常聽到她凌晨跟男朋友回來的聲音。想到這我突然問起琳達：「妳妹怎麼樣？還住在貝什斯達(Bethesda)嗎？」

琳達的臉一沉。「嗯，離那兒不遠。」她告訴我的是華盛頓特區一個破落的郊區。看琳達的臉色不對，我於是想該換個話題。「妳媽媽呢？她還好嗎？」

「嗯，她很好，但……卡芮娜不太好。」我愣了一下，原來琳達想聊的是她妹。她從皮夾中抽出一張照片，上面有卡芮娜、一個男人，還有三個小孩。

「卡芮娜現在跟另外一個男人住了。」但我還是不相信照片裡的是卡芮娜。照片裡的她看起來非常憔悴，甚至有點老態龍鍾，感覺比我跟琳達的歲數加起來都還老。

「嗯，小孩很可愛。」是我唯一想得到的回答

「爸爸都不一樣喔。我知道妳在想什麼，萊拉。」

我確實是在想那個問題。「發生什麼事了？」

「卡芮娜很聰明又漂亮。」

「她條件眞的很好，我看過她超多朋友，男朋友也很多。」

「可能多的有點過頭了吧。她幾乎是來者不拒，常常第一、二次約會就讓人家予取予求。」琳達苦笑著說。「我想我妹就是不懂拒絕人吧！」

沉溺性愛或缺乏自信？

「我不懂耶，」我說：「妳妹是太熱中於性事嗎？」

「我不覺得，我覺得她比較像是缺乏自信，到現在也沒變。她跟我說她其實並不覺得跟男人做那件事有多舒服，但她太害臊，不好意思跟男生說不。她怕拒絕對方會死纏爛打，所以乾脆就都照著做省事。」

「我覺得她應該是沒辦法肯定自己，覺得自己不靠性就得不到愛。她把性愛跟眞愛混爲一談了。」

眞愛會走到性，但性不見得能走到愛，只是孤單的時候我們會忘記這點。性絕對是大事，不可輕易爲之，害羞的人尤其如此。

退羞特效藥第78帖：性？愛？傻傻分不清楚

害羞寶寶比較敏感，也比較容易受傷，所以面對性的態度要格外謹慎。性是愛的延伸，而不是愛的保證，沒有性的愛也許讓人心癢，但沒有愛的性只會讓你心碎，害羞的人經不起心碎，所以除非很確定，否則不要輕易把球投進好球帶。

在愛情裡，你怎麼知道對方適合你？這眞的是一個算式很多，思路很複雜的難題。首先你要先能了解對方究竟是個什麼樣的人，然後你得讓對方知道你是什麼樣的人，這是一個雙向的過程。除非互信互愛互相尊重的學分已經修畢，否則性愛是一定得擋修的。

當然對性小心不是女生的專利，男生也是有感情的，把男生想成性愛機器並不公平，我建議男生面對性一樣要非常注意，否則你會搞砸很多事情，包括自己的心情。

害羞？隨便？

琳達看著照片，心情顯然很沉重。「學校裡後來把她傳得很難聽，說她誰都可以。沒有女生敢跟她當朋友，甚至連男生也不敢跟她公開走在一起，他們只想晚上占她便宜。很快男生就變成約她，帶她回家，完事後送她回來，簡直是把她當成『公車』，話說他們有時候眞的只送她上了公車就離開。」

「她眞的不是這樣的女生，她很乖的……」

【第十一部】
寫給為人父母和想更了解自己的害羞寶寶：預防重於治療

為什麼是我？為什麼別人長的普通就不害羞？為什麼我長的這麼帥、這麼正就要害羞？這是要怪上帝？怪爸媽？還是有別人可以怪？是學校裡的壞同學，是小學三年級的老師，還是祖母害我的？有人可以給我個方向或是答案嗎？

嗯，除了祖母應該可以無保釋放以外，其他的我覺得都是嫌疑犯，但也沒有哪一個可以把全部的責任攬下來。害羞不會沒有原因，但每個人的原因不會都一樣。下面我會說說一些可能的原因，讓你指認看看，也順便思考一下有沒有轉寰的機會。如果你是為人父母者，我也會提供一些方法讓你判斷你的孩子是不是害羞的高風險群，還有就是如何把這樣的風險降低。

第五十八章

害羞是天生的？

開宗明義，確實有天生就害羞的人，或至少天生容易害羞的人。但遺傳不是命運，生物學上更不存在確切的「害羞基因」，沒有哪個專家會說「你過來看，顯微鏡下面那個就是害你容易不好意思的染色體？我等下幫你把它弄掉就沒事了。」客觀的事實是約兩到三成的寶寶生出來，會因爲特定的腦部化學作用而傾向於害羞。

身爲父母，不論小朋友幸或不幸成爲容易害羞的那一群，你其實很早就可以看得出來。新生兒帶回家差不多一個月，你就有辦法判斷自家的小可愛屬不屬於害羞的生力軍。

怎麼看得出來？

有份劃時代的研究證實了新生兒就存在高低不同的害羞風險，那是兩位世界級的專家找來了四百名僅一個月大的「新人」到實驗室裡，然後對寶寶們做了三件事情：在搖籃裡放了一個有點嚇人的玩具、用棉花棒沾了酒精讓他們聞、放了一段陌生人的聲音給他們聽。

結果是，近三分之一的寶寶被嚇到哭鬧叫，順便亂甩小手小腳。驚嚇完之後他們會緊抱著父母。幾年以後，科學家追蹤發現這三分之一的小朋友比較害羞，我們把這群小朋友歸類爲「高度敏感型害羞者」（HSS）。

相對於此，另外三分之二的新生兒不太因爲恐怖或陌生的東西而有太大的反應，頂多是把不討喜的玩具推開，甚至有人聽到陌生的聲音會笑。他們幾年後也確實比較不害羞。

所以害羞確實是出生不久就能看出蹊蹺，結案。

大約三分之一的新生兒會因為體內的化學作用而對陌生的人事物反應較大，他們屬於長大後容易害羞的一群。

——《科學》雜誌（Science）

「搖籃測試」的施與受

新生兒的父母聽著，你們可以在家裡複製搖籃實驗。需要的器材如下：一個怪怪的玩具（比方說黑色的塑膠蜘蛛）、一個臭臭的東西（寶寶自己的尿布不行，他們不會覺得那東西臭）、一個怪怪的叔叔／阿姨（可以請熟識的郵差、退休的鄰居伯伯或任何你寶寶沒見過的親戚幫忙）。

第一步：把可怕的玩具吊在寶寶臉上面晃啊晃，觀察其反應。

第二步：把臭臭的東西懸在小鼻子前方，觀察其反應。

第三步：請陌生的叔伯姨嬸咕嘰咕嘰逗弄小寶寶，觀察其反應。

如果是敏感的寶寶，反應就會比較大，不那麼有害羞傾向的寶寶則會用「寶寶語」

咕噥幾聲然後把討厭的東西推開。

還只是個寶寶時，我們的女兒就非常敏感，完全不給我們夫妻倆以外的人抱，甚至有時候連把拔都會「求歡被拒」，這段時間對我們兩個大人都很辛苦。剛開始我們以為只是小朋友容易不舒服，但慢慢大了，到幼稚園的年紀了，她開始出現很多人口中害羞的情況，具體的表現包括不敢看陌生人的眼睛，不太跟人說話，不然就是老愛躲在爸媽的大腿後面不肯出來。

——史提夫．C (Steve C.)，加拿大卑詩省溫哥華市 (Vanconver, British Columbia)

退羞特效藥第79帖：害羞也可以抓週——搖籃測試

為人父母：要判斷你的新生兒有沒有害羞的傾向，你可以觀察小寶貝在搖籃裡的動靜。對外界刺激反應較大的孩子往往是害羞的高危險群，如果有徵兆就可以提早用藥（我是說本書裡的各種特效藥）來防患未然。如果小朋友看起來都很鎮靜，遇事不容易大驚小怪，那他長大應該就比較不會有害羞的問題。

害羞寶寶：要知道你自己小時候有沒有害羞的傾向，去問問爸媽你還在學爬時期是不是遇事反應很大，很容易哭鬧。

四年後

對喜歡打破沙鍋問到底的科學家來說，事情還沒完。初步觀察結束經過了四年，研究人員把當年的四百個小朋友又都找回到實驗室裡來。果不其然，當年判定高度敏感型的受試者都顯現了害羞的初期徵狀，這當中又有約半數後來長成了極度害羞的青春期少男少女。

心理學家說我女兒慢熱，也有人說這就叫悶騷。她跟你不熟的話，看起來就會頗害羞，但慢慢熟了她就會放輕鬆，然後跟你無話不談，所以很多人以為她只是輕微的害羞，不礙事。但身為她的父母，我們察覺事情並沒有這麼簡單。她不僅僅是對人慢熱，只要是面臨任何沒有接觸過的情境她都會焦慮，而且很多真的是沒什麼好擔心的事情。

比方說四年級的時候，班上的校外教學要去加拿大的首都渥太華。班上都是從幼稚園就在一起的同學，甚至還請他們去蘭辛看過她的寵物馬好幾次，但她從來沒有去過渥太華，也不知道長什麼樣，有什麼東西，就這樣她出發前的晚上完全睡不著，不知道在緊張什麼。

——史提夫．C (Steve C.)，加拿大卑詩省溫哥華市 (Vanconver, British Columbia)

內向，不行嗎？敏感，有問題嗎？

比較不好的是高度敏感型的害羞寶寶會覺得自己不正常，因爲他們不像其他人會希望焦點聚集在自己身上。如果你是這樣的人，你就知道我在說啥。高度敏感型的人跟一般認爲外向的人，兩者的大腦運作並不一樣。敏感的人想得多，想得深，想得慢；他們聽得多，講得少。

美國人已經習慣廣播跟電視脫口秀的口無遮攔、百無禁忌，我們選出來的政治人物與民意代表也都很愛講話，更甭提摔吉他的搖滾樂手、自信展露身材的女星，還有招搖過市的好萊塢明星，美國文化就是一條全年無休的星光大道。

我想說的是，美國，甚至整個西方文化，都是外向者的天堂，內向的人活該倒楣。

因爲處在這樣的環境裡，得到獎賞的都是喜歡自我表現也不怕自我表現的人，所以很多害羞寶寶會覺得自己不如別人聰明或有才華。沒這回事！相關的研究多得不得了，結論都是害羞跟笨沒有關係，甚至很多時候人就是太聰明才會顯得害羞！

你知道嗎？資優兒童有六成內向，智商愈高，內向的比例也愈高。美國優秀學子獎學金 (National Merit Scholar) 得主中是內向者多於外向者，而且這些得主進了長春藤盟校 (Ivy Leagure) 後的成績也比較好。

這些事實告訴我們一件事情：那就是珍惜上帝給我們的模樣，不要因爲自己沒辦法跟大家自在地坐在一起聊天，沒辦法當下跟人一來一往就妄自菲薄。敏感型的人即便很有自信，遇到問題也還是需要多點思考時間，所以請尊重自己的秉性，跟自己的沉穩安靜好好相處。

內向跟自信並不衝突

不久前有位講話眞的是輕輕柔柔，但事業非常成功的雪柔小姐找我去演講，地方在亞利桑那州的鳳凰城。開車到演講廳的路上，我跟雪柔小姐聊到我在寫本以害羞爲題的書。幾個禮拜後，我收到她的一封電郵。

親愛的萊拉：

那天在車上跟妳聊，我的感觸很深。我這輩子都在跟害羞奮戰，我每天醒著，都覺得自己的節奏跟別人不一樣。我看到同學跟同事那麼樂於跟人聊天，有空就到處串門子或約出去玩，其實都覺得還蠻不可思議的。我比較喜歡只有一兩個很好很好的朋友，喜歡跟她們在比較私下的環境裡聊深一點。我傾向於退到幕後，對一個課題深思熟慮以後再發言，我不懂其他人怎麼能隨時隨地都大放厥詞；有些朋友慢慢熟了，會告訴我他們對我的第一印象很差，因為我看起來冷漠、高傲、獨來獨往，要不是後來有機會變熟，甚至變成很好的朋友，他們可能對我的印象會一直差下去。我很聰明，學生時代始終名列前茅，現在生意也做得很好。我真的喜歡跟人打成一片，我只是不太會社交，這算是我的一個缺點嗎？

——雪柔．M (Cheryl M.)，亞利桑那州鳳凰城市 (Phoenix, Arizona)

雪柔的信文情並茂，這裡放不下的部分還提到了她的自省與結論，她說她後來找到了跟自己的敏感性格相處的模式，而這也造就了她如今於公於私的成功。全文我放在附錄裡，值得一讀。

日常生活裡請大家記得敏感性牙齒，嗯，敏感性性格的主人往往是那種很有原則，也很關心別人的好人。他們或許不是站在最外面、最前面的人，但他們在很多事情上都是我們學習的對象，甚至是典範，他們往往是我們之中的哲學家、輔導老師，甚至是人生導師。他們往往能理性思考事情，也是社會上的中堅力量，可以帶給我們好的影響。

第五十九章 害羞會遺傳？

媽媽的雙眼皮跟爸爸的害羞

害羞會遺傳嗎？這就像問長腿跟藍眼睛會不會遺傳一樣？當然會，但不是一定會。像我有個女生朋友就抱怨：「我哥像我媽一樣，睫毛又黑又長，我跟我爸一樣，鼻子又塌又小。」不公平是不公平，但又能怎麼樣，基因這東西有時候連上帝都沒有辦法。

所以害羞會不會從上一代帶到下一代，也是在玩吃角子老虎，是一個機率的問題。

不過話說回來，一份名爲《兒時害羞與源自母親的社交恐懼症》(*Childhood Shyness and Maternal Social Phobia*) 的研究顯示，媽媽害羞的話，小朋友也害羞的機率會比平均值高八倍，十個害羞寶寶，八個有一等親苦於社交恐懼症。

發掘自己害羞的根源，你在目標的設定與達成上就能比較實際。知道遺傳了父母親的害羞，你就知道自己天生超極敏感，你就不會硬要勉強自己外向，那樣就算你沒無功而返也會事倍功半，就算你勉強成功了也不會快樂。

退羞特效藥第80帖：搜尋族譜裡的害羞基因

為人父母：你害羞（過）嗎？如果答案是肯定的，那你的孩子害羞就找到兇手了。你的親戚呢？還是你的爸媽害羞嗎？有聽過隔代遺傳嗎？如果這些疑問有任何一個的答案是肯定的，那你就要特別留意小朋友的狀況了。

害羞寶寶：去族譜裡「挖寶」，看裡面有沒有害羞的嫌疑犯。如果有的話，那你未來在跟害羞作戰的時候就可以依此擬訂戰略。

第六十章
你是悶騷還是後天害羞？

假設你是個可怕玩具或臭臭東西都嚇不倒的寶寶，族譜搖了半天也沒有害羞的祖先掉下來，那我們就應該開始懷疑自己是後天害羞，你可能是因為長大的過程中受到某個事件或情境的影響或暗示，才開始變得害羞。

害羞會傳染嗎？

你不會「染上」害羞，但如果你的監護人或父母害羞，你本身變得害羞的機率當然也會比較高，因為小朋友都會模仿我們身邊的人，而對我們影響最大的當然是朝夕相處的父母親。

小朋友幾乎都察覺不出來父母害羞。像我就是經過了這麼些年，才了解到我媽媽害羞。我十四歲那年的感恩節，我們去一個很久沒見面的親戚家玩。露西阿姨話說個不停，查理叔叔戴著土雞造型的帽子，搞不好還喝了點酒，至於其他親戚也都嘰嘰喳喳。只有我媽安靜地像個不開的蛤蠣，我在她旁邊也像個小海瓜子一樣一聲不吭。

我是我媽媽的小粉絲，她就算是跳上露西阿姨的桃木餐桌跳恰恰，我也會上去伴舞，但媽媽那天連話都不多，所以我也像根小黃瓜一樣動也不動。

我們家朋友一向不多，因為務農的我們住在很鄉下，所以跟我同年的小朋友本來就少。別的媽媽會安排很多機會讓小朋友湊在一起玩，但我媽媽都不會這樣做。大了以後我爸說我媽是個害羞的女人，我這麼一回想，我之所以小時候朋友少，之所以她都不約其他爸媽帶小孩來串門子，背後的原因都是她會害羞。

——阿莉亞娜．G（Ariana G.），新墨西哥州陶斯市（Taos, NM）

回憶小時候，把拔跟馬麻有很愛社交嗎？他們會常請叔叔或阿姨來家裡吃飯嗎？他們有參加什麼社團還是常去開社區委員會嗎？他們電話會一講講很久嗎？他們會揪人出去玩嗎？會辦生日趴嗎？會鼓勵或安排讓你跟其他小朋友玩嗎？要是以上皆非，那你的害羞或許就找到原因了。

退羞特效藥第81帖：害羞有胎教，也有身教

為人父母：說到害羞，別忘了給孩子好的身教。如果你本身害羞，那為了下一代你得在大庭廣眾盡量放開，你如果玩得開心，小朋友就會跟著玩得開心。多跟其他父母親講話，多安排大家一起出去踏青，讓孩子有機會跟同年齡的小朋友相處，這是你能給孩子一個很好的禮物。

害羞寶寶：小朋友都會覺得自己有些事應該做，有些事不應該做，你也不例外。所以不要太苛責自己，小時候害羞很可能你只是在模仿身邊的大人，如今想掙脫你也不用感到有罪惡感。對後天的害羞者來說，你應該去回想自己是不是看過爸媽「示範」過害羞，然後你可以想想自己可以如何表現得更有自信。

第六十一章 被誰欺負過？

心裡有疙瘩

每個害羞寶寶都有不堪回首的過往，我也不例外，甚至我現在想起來都還會邊回味邊緊張。

三年級的時候我最怕的是上數學課，但我並不是怕數字，也不是怕老師，我怕的是害羞到不行的自己。

數學老師常常會出練習題給我們，然後離開教室幾分鐘。其他女生會皺著眉頭把習題做完，然後就開始像小雞一樣喳喳嘰嘰，直到老師回來才肯安靜。但我總是悶著頭像在書本裡找什麼東西，完全不敢抬起頭來換氣。

難忘的那天老師又出完題目走出教室，然後慢慢地我開始覺得想要排氣，也就是俗稱的「放屁」。隨著氣體在我小肚子裡慢慢累積，我知道事情已經沒有轉寰的餘地，所幸上帝造物就是這麼奇妙，身體構造讓我得以低調地完成物質位置的轉移，就像什麼都沒有發生，地球還是照舊運行。鬆了口氣的我於是重整旗鼓，把注意力集中在未解的數學習題上，啊，我眞是個好學生。

但我還放心不到半分鐘，班上一個同學索妮亞就猛然抬頭說出了她的證詞：「有人放屁！」全班隨即爆出如雷的笑聲。

「是誰？」另外一個小女生發難。然後又是一陣狂笑。

「到底是誰？」索妮亞儼然當起了福爾摩斯。

然後我的噩夢就開始了。就像緝毒犬在找海洛因一樣，索妮亞開始用聞的找起了線索。

整間教室從裡到外，她一排一排地聞，展現了無比的耐心，其他同學們也覺得這過程存在高度的娛樂性，畢竟她們知道自己是清白的，所以一點都不擔心。

但我可是緊張兮兮，因爲是誰放的我心知肚明。於是索妮亞一到我這排我就慌了，我抓起書本一路往外跑，淚流滿面是我那時的表情。更慘的是我邊往禮堂跑，一邊還聽到身後傳來一堆同學在喊著：「是萊拉放的！是萊拉放的！」

五成八的害羞者記得在害羞變成一個問題之前，自己曾經歷過某種不愉快的社交經驗；四成二的人記得有某件格外嚴重的事件讓他們自覺開始變得害羞。

——《行為學研究與療法期刊》

我上學之前，也就是在我五歲之前，我曾經住院過三天還是四天，但在回憶中那是一段遠比三四天長的時間。那是間兒童病房，我的床位在角落，而我是那間病房裡唯一的男生，其他的病人都是女生，但我當時太小，性別的概念還不是很明確，所以應該不是男女的問題。我不太講話，不像有些孩子非常活潑，嘻嘻哈哈，我對角的那個小女生尤其如此。她都會注意到我很安靜，然後呼朋引伴來弄我，而我只能臉朝下趴著假裝睡著了。我害羞到不敢問廁所在哪裡，所以我每天至少尿床一遍，護士煩了也會吼我，讓我在同房的女生面前難堪。

——納森．F（Nathan F.），威斯康辛州綠灣市（Green Bay, Wisconsin）

你沒有錯，錯的是欺負你的人

多數小朋友都不是故意要欺負人，但正因爲他們不是故意的，被鎖定的對象有時感覺更爲受傷。《臨床心理學期刊》(*The Journal Of Clinical Psychology*) 引用了一份研究名爲《小學低年級可見的同儕排斥》(*Peer Rejection in Early Elementary Grades*)，其結論證實了幼年時留下的心理陰影不容忽視。

如果孩子的秉性並不是「害羞底」，那麼一兩次「意外」並不會造成他們永久性的害羞，但傷害是一定會有的。就算害羞的大人想不起自己過往有什麼心理創傷，他們在求學階段的人緣好壞也會影響他們一生。他們未來都會以這樣的經驗作爲模型來闖蕩社交圈。

爲人父母，很重要的一項任務是注意孩子有沒有被欺負，你可以觀察他們回到家衣服有沒有亂，有沒有破，東西有沒有齊，錢有沒有少，身上有沒有傷得莫名奇妙，還是說他們早上會不會不想上學，乃至於老愛繞路上下學。有上面任何一點，你就應該主動找孩子聊，重點要讓他們知道自己沒有錯，錯的是欺負人的人。不要叫他們反擊，你該做的是鼓勵他們面對欺負他們的人並且大聲說出：「住手！」你要讓他們知道退縮或逃避絕對不可取，甚至你可以跟孩子排練怎麼說出自己的意見。

如果事情還是沒有解決，你的小孩還是繼續被欺負，那就只好到校找老師甚至校長談談了。

退羞特效藥第82帖：回憶過去，痛苦被欺負忘不了……

為人父母：如果你懷疑小朋友在學校被欺負，你就得採取行動來確保孩子的信心沒有受到斲傷。你得適時跳出來扮演幾種角色。一、你得當柯南來分析案件；二、你得當心理醫師來問問題，跟孩子懇談；三、你得是教練，學習如何回應給孩子建言；四、你得是舞台劇導演，陪孩子排練該如何反應。要是這四樣都做了還是不行，那你還得當老師的智囊，跟老師商討事情的來龍去脈與解決方案。甚至我建議你直搗黃龍，去找小霸王的爸媽談，讓他們知道自己的小孩在學校「忙什麼」。

害羞寶寶：小孩子不會想，不能完全怪他們，但他們的行為確實會傷害到敏感型孩子的心靈。如果你屬於那五成八記得小時候發生過什麼的害羞寶寶的話，那請你在腦中重放一遍記憶的影片，然後你會發現欺負人就是不對，你是無辜的，不能說你看起來好欺負就應該被欺負。我知道不容易，但請你說服自己。想想如果有今天的觀念，你當時會如何因應。

第六十二章 爸媽過度保護？

對啊，我的心理醫生說……

四十年前在美國很流行看心理醫生，任何稍微或自以爲有頭有臉的人，都會在聊天時有意無意說：「喔，我的心理醫生說……。」然後結尾再補一句：「都是我爸媽的錯。」

不論心理醫生究竟有沒有歸咎父母，沒人知道，但大家有任何缺點都很喜歡怪爸媽，沒想到聽人怪自己爸媽也可以賺錢。

有錢要怎麼花是個人的自由，問題是你害羞是不是父母的錯？有沒有爸媽被冤枉呢？世上許多害羞的權威窮盡一生，告訴我們一個不知道算不算答案的答案，那就是一半一半。

不過有一點倒是可以確定，那就是受到父母過度保護的孩子，是變得害羞的高危險群。有項研究名爲「焦慮的開展：控制在生命早期所扮演的角色」(The Development of Anxiety: The Role of Control in the Early Environment)，裡頭有項結論是：

> 父母過度干預甚至掌控孩子的活動或決定，會影響下一代面對所處環境的自信與自主能力。
>
> ——美國心理學協會刊物《心理學布告欄》(*Psychology Bulletin*)

要是我兩個長年的好友知道這點就好了。史提夫跟莉蒂亞是一對璧人，育有一名獨生子藍尼。藍尼出生以後，莉蒂亞就被判定不能再生育，於是夫妻倆就把他捧在手掌心，細心地呵護著。我不論什麼時候去找他們，當時才三個月大的藍尼只要一哭，莉蒂亞就會不管跟我聊到哪裡，立刻衝過去抱他，她哄小藍尼的「童言童語」一時間迴盪在整間客廳。「惜惜，是哪隻壞熊熊跑來咬我的心肝寶啊？喔喔，馬麻在這裡喔，不哭不哭。」

說眞的，如果她不是我朋友，我眞的ＸＸＸ的ＸＸＸ都罵出來（消音）。當然我不是什麼斯巴達的信徒，也不會把小孩鎖在房間裡哭到死，但我肯定不會一點風吹草動就給自己下十二道金牌。

等藍尼八歲了，不再那麼怕壞熊熊以後，我跟莉蒂亞終於有機會到外面的餐廳吃了幾次飯，藍尼作陪。結果是成年人的對談還是不敵小王子打個嗝，只消殿下一點點不開懷，太后馬上就會噓寒問暖：「藍尼你還好嗎？是不是可樂氣太多了？我叫他們換一杯？還是你想改喝柳橙汁？」

對太后的關懷，藍尼殿下下詔云：「我討厭柳橙汁，我討厭柳橙汁，我討厭柳橙汁。」（作者按：我沒有不小心按到複製貼上喔）。

我差點沒把飯給噴出來。「你下次要不要把藍尼（ＯＳ：像藍寶堅尼一樣）留在家裡啊？」我試探性地問了一句。「我可以推薦你一個褓母，靠得住又會煮東西，錢我也幫你出。」

「我不要褓母啦！」小皇帝又下旨了。（我的口氣已經聽得出情緒了。）

莉蒂亞往我這靠了靠，似有顧忌地低聲說：「藍尼不喜歡給褓母帶。」

「看得出來。」我沒好氣地說。

「那我要喝什麼？」藍尼插話是不用挑時間的。

好了，我雖然不是他媽，但我眞受不了了。雖然跟八歲的計較有點幼稚，但八歲很了不起嗎？於是我狠狠地瞪著這台小跑車說：「藍尼，你怎麼不自己問服務生？」

莉蒂亞跟史提夫（對，這男人也在）只當我在開玩笑，面無慍色地揮了手讓服務生過來。藍尼看了媽咪一眼，大聲宣布：「我要沙士。」聽得很清楚的莉蒂亞轉頭對同樣聽得很清楚的服務生覆述了了一遍：「他要沙士。」

「服務生沒聾。」我咕噥著。

藍尼現在長怎樣？

後來這一家三口搬到密西根州，所以我有十年沒見到這三個活寶，但最近我剛好到底特律演講，就順便給他們打了通電話，約在餐廳見面，結果出現的是史提夫、莉蒂亞，跟沒了，沒有藍尼！

開心歸開心，我還是問了究竟怎麼回事，結果愁容滿面的這對夫妻互看了一眼，發言人依舊是莉蒂亞。她開口說的是：「他不想來。」

阿彌陀佛！

但我嘴巴上還是客套地說了一句「是喔，眞可惜！」

可惜個鬼！

接下來的一個小時，史提夫跟莉蒂亞跟我只有一個話題，就是在我這位先知面前抱怨藍尼「不善與人交往」。他們說藍尼不交朋友，不去活動，都十八歲的人了，也都還沒約會過。他的感覺就是害羞，然後他老覺得別的孩子不喜歡他。「所以我們讓他在家自學。」

我得踩急煞車才沒有第一時間說出真話，但事實就擺在眼前。我的兩位朋友把孩子伺候得太周到了，什麼天馬行空的慾望都滿足他，結果就是剝奪了孩子學習社交的機會與獨立自主的勇氣！

去車陣裡玩！

當然這只是一種比喻，沒有正常的父母親會眞的教小孩去做這種事情。我想說的是，父母要給孩子機會去挑戰自己，去置身險境。假設你跟你六歲的孩子比莉在餐廳，她的面前上了一道馬鈴薯佐酸奶跟一般的奶油。問題來了：小比莉喜歡馬鈴薯，喜歡奶油，但她不喜歡大人口味的酸奶。

於是她開始唉：「媽咪，我不要有酸奶的，叫他們換一份。」媽媽們，這時候妳應該回答她：「比莉，妳要不要自己跟服務生姊姊講？我可以幫妳招她過來，但妳想要怎樣要自己說。」小孩會一天天長大，他們的能力也要一天天增強，這樣妳才是個稱職的媽！

爸爸，會好一點嗎？

我媽跟我很親，這點也許是因為我爸死的時候我才兩歲，而且我又是他們唯一的小孩。我不知道是什麼時候開始的，但到我上小學的時候，我發現我媽好像比其他人的媽媽更呵護自己的小孩，我連單獨過個馬路到同學家玩都不行。不過小時候我倒是不會覺得這有什麼，畢竟她常常帶我去看電影，我們有放假也都會到處去玩。我覺得這樣也不錯，至少不用跟會欺負人的同學在一起，那些同學可能覺得我都不跟他們玩是因為我自以為了不起。

高中時我變得很害羞，尤其是在男生面前，於是我媽讓我去上一間規模不大的私立學校，一個班才五六個人。我現在三十四了，還跟媽媽同住。我幾乎沒有跟男生交往的經驗，因為太緊張的關係所以人家約我我都說不。我知道自己需要改改，但行為跟思想的模式真的不容易打破。

——琳達．G (Linda G.)，俄亥俄州卡洛頓市 (Carrollton, Ohio)

恭禧恭禧，各位父親！是的，一般而言，父親的角色對孩子的成長是比較正面的，至少跟你太太比起來是如此無誤。理由？OK，這是因爲害羞的孩子被欺負了回到家裡，你比較可能的反應是：「出去再打過，要不就大聲說出你的想法，叫對方差不多一點。」要是媽咪，可能就會幫他呼呼，順便跟孩子一起哭。

有研究顯示父親會推著孩子向前，要他們給自己出頭，有些爸爸之狠連科學家都搖頭，但研究者也不得不說狠一點才有用。

推著孩子改變，雖然看起來既不溫柔也不體貼，但卻是父親給兒子最好的禮物，最能幫助孩子離巢自主。

——《發展精神病理學期刊》(*Journal of Developmental Psychopathology*)

把小鳥推下樹枝，強迫牠們飛翔，絕對不是因爲親鳥不愛牠們，而是因爲眞愛牠們。父母跟孩子有個種密不可分的連結，那裡頭有愛，有無話不說的權利，有互相依賴的需求，但在這些元素存在的同時，你也必須放手讓孩子去做、去錯、去摔、去試，這樣他們才能培養出自信。

退羞特效藥第83帖：別把小寶貝當寶

為人父母：媽咪跟爹地，我知道你愛孩子，但溺愛不是你該做的事。讓他們知道你是他們的後盾，但這後盾的意思是他們應該出去闖闖，不需要有後顧之憂，而不是他們應該在家裡躺，茶來伸手，飯來張口。父母的責任是讓他們循序漸進地獨立，過程中給予他們鼓勵，陪伴他們練習，讓他們最終能成為完整的個體。

害羞寶寶：你深受害羞之苦，但你已經長大，也有資源去改善情況，更別說你比你的雙親當年更有能力與資訊去教育下一代，所以如果未來你有孩子，請你關愛但不要溺愛。

【第十二部】
自知、自愛、自信

很多人被問到「你是誰？」，他們會説我是個母親，我是台灣人／美國人，我是個太陽馬戲團的固定班底，或者我是太陽花學運的要角，又有人會説我是回教徒／佛教徒，甚至於跟阿湯哥一樣信山達基。

但等等，倒帶一下。這些是你在家庭中的角色，是你的國籍，你的工作，你的宗教信仰，但這些不是你的全部。不論反不反核，話説到底你是個人，而人是非常複雜的存在，無法量化的存在，你有超越恆河沙數的思緒，有光速無法追趕的感情，更別説那些讓你是你的無以名狀的東西。你是誰，你活著想要得到什麼，做到什麼，是值得你用一生追尋的答案，也是你能夠不依賴他人，永遠相信自己的堅強扶手。得到它，你就得到了永遠擺脱害羞的綠卡。

我們現在就要一起去探索自我，之後你就可以準備畢業了。

第六十三章
人生的大禮，只需一天五分鐘

早在西元一九六〇年代，科技已經讓人類的視野突出太陽系，探詢深邃的宇宙；如今，科技讓我們得以回頭看，我們開始探詢內心的小宇宙，康德不是說頭頂的蒼穹與內心的道德律，讓他永遠思索不盡嗎？好消息是用人類現有的神經顯影技術，科學家可以在短短的一星期內就摸清大腦所有的區域，把你所有的記憶與感情完成衛星定位。

不過話說回來，你應該不會想把秀髮剃個精光，跑到實驗室，把核磁共振的線頭貼滿整顆頭，看看自己爲什麼老是會判斷錯誤吧。我想也是。但你可以試試第二志願，想辦法增進對自己的了解也可以有效打擊害羞，而且自知並不費事，可以說有相當高的C／P值。

害羞寶寶雖然老把焦點放在自己身上，但他們並沒有因此發展出堅實的自我意識。多數害羞者並不了解自己，這事兒很可惜。你怎麼能愛一個你不了解的人，即便這人就是你自己。

> 大多社交恐懼症患者總覺得自己缺了什麼，他們始終不滿意自己。
>
> ——《溝通教育》(*Communication Education*)

先確認一下你了解自己多多或多少

你的自知也許不夠，但也絕對不會是一無所知……

- 你知道自己害怕什麼（第16帖藥），你已經把各種害怕的人事物按嚴重程度排序（第18帖藥）。
- 你知道遇到社交場合，你的表現其實沒有自己想像中的那麼糟（第14帖藥）。
- 你知道大家對你的評價其實比你想像中的要高（第9帖藥）。

※你知道自己工作的裡裡外外（第36帖藥）。
※你知道自己的臉部表情與微笑（第27帖藥）。
※你知道自己的肢體語言（第44帖藥）。
※你知道自己對日常話題的感受（第54帖藥）。
※你知道自己對哪些主題是專家（第55帖藥）。
※你知道自己願意投注時間與精力的熱情在哪（第55帖藥）。

在這樣的基礎上，我們現在要展開對自己最重要的探索，我在最低潮的時候了解到這項探索的重要性，我得說，沒有這第84帖藥，就沒有今天自信、滿足而幸福的我。

「自己，關於……你怎麼想？」

自知就是認識自己，弄清自己對一堆重要事情的看法。

每天排好一個時間，安靜而一個人的時候，看是要選你刮鬍子或腿毛，噴古龍水或香奈兒五號，還是通勤的時候都行，睡前也可以。總之到了這個時候，請你訪問自己，是的，角色扮演成廣播節目的主持人來訪問你的內心，問個觸及你靈魂的問題，一個就行。而你回答前要深思熟慮，就算答案很明顯，很清晰，你也要在這五分鐘內堅持下去，讓答案在你的心頭深深刻印上去。

什麼樣的問題才夠深刻，才能觸及靈魂呢？我舉幾個例子：

我活在世上有沒有意義？什麼意義？

我信不信上帝？祂在哪裡？

榮耀、成功、家庭與友誼，對我來說是什麼東西？

這樣的自我訪談可能會長得像下面這個樣子：

「自己，如果你中了樂透，有一筆錢可以捐出來做慈善，你會想讓哪個團體受益？」

「嗯，這個嘛，自己，我從來沒有想過這個問題耶，但每次看到視障朋友我心都會揪一下。我常希望他們能恢復視力，重見光明，當然我不是上帝所以我做不到，但我想要是有錢捐一點給他們也算幫得上忙吧，畢竟新的療法研究需要錢，啟明學校的營運也需要錢。」

「說得好，自己。」

「嗯，謝謝你，自己。但，嘿，這只是我個人的想法啦。」

〈附錄二〉裡有一百個這種等級的問題，請自便，應該夠你用幾個月了。

退羞特效藥第84帖：航向內心的小宇宙

每天花五分鐘訪問自己，就像主播訪問來賓那樣。好好回答問自己的每一個問題，你會從中獲益良多，你會更清楚自己是誰，也更貼近自己真正的感覺。你聽著自己的回答，你會知道你是條漢子（或是個好女人），這樣的自我肯定絕對可以增強你的自信。

自知帶來的自信雖不至於無以倫比，但也確實難以言喻。這樣你以後就不怕要回答困難的問題了，因為再尖銳、再難堪的問題你都已經在鏡子面前對過了，你已經刮過自己的鬍子了。

知道自己是誰，想要什麼，知道自己在此時此地做些什麼，知道自己存在的意義，人生夫復何求。有這樣的信念坐鎮在你心裡，你就永遠不會再因爲嚴肅的話題而不知所措。你不會再需要隨機應變或且戰且走，因爲你早就擬好全方位的戰略。你將能侃侃而談，行雲流水，左右逢源，欲罷不能。

〈附錄二〉的一百個問題不是風景的全貌，而只是冰山一角。做完這一百題，你得自己再去寫一些出來，你可以想想跟自己生活相關的人事物，從中擷取靈感，比方說：大嘴巴的小叔，我眞的有那麼討厭他嗎？然後也許你會恍然大悟他話是多了些，嗓門是大了點，但你太太的弟弟其實還算是顆好蛋啦。

第六十四章 畢業了

我想跟大家說說那天晚上，我怎麼知道自己「好了」。命運的那晚，命定的朋友達菲跟我在飛往倫敦的客機上值班，休息時我們在小廚房裡聊天，然後達菲說她覺得我很棒。

「棒什麼？」我笑了。但其實我知道答案，我知道我現在可以看著乘客的眼睛，毫無懼色地問出：「您要來點咖啡嗎？還是您想喝茶？」（咖啡？茶？這樣的短句在當年還不時興，老派的空服員都說整句。）

我已經覺得自己是個優等生了，但在倫敦等班的時候，達菲這位老師還是閒不下來，又露出了要給我出難題之前的那種表情。

「喔喔，」我看似緊張地說，但這時我其實已經不怕了，在達菲的幫助下我按部就班走出了害羞的蠶繭。總之，達老師輕聲細語地唸出了那晚的課題：「我們今晚出去，妳要像那天對達媽的希臘朋友一樣對待今晚遇到的任何一個人，妳要拿出吃奶的力氣，展現最親切版本的萊拉。」

對這樣的要求我並不以爲意，因爲我已經有信心了。「沒問題，達菲，就照妳的意思。」

時差調好，血拼完，吃了點東西，我們就算是準備好了。萬事俱備的話我們跳上了倫敦註冊商標的紅色雙層巴士，但這時達菲都還沒說出我們要去哪裡。每站我都會臉貼著窗問：「到了嗎？」

「非也。」

「這裡？」

「非也。」

眼看著下一站是公園巷的花花公子俱樂部。

「不會是這裡吧？」我半開玩笑地說。

「就是這！」

我差點沒從座位上摔下來。「喔，不行不行，達菲，我不進去。」

她沒給我選擇。「妳給我下車。」

「女生不帶兔尾巴可以進去嗎？」我信心全消，語無倫次中，但不知不覺我已經被拉到門口。

繞著繞著，侍應生引著我們到了座位上，這時我注意到幾位男士原本在看兔女郎的絨毛尾巴與絲緞長耳，慢慢地竟也不時開始掃射我們這邊。有了在希臘餐廳培養出的信心，我坐正了撥了撥頭髮，對幾個順眼的男生笑了笑。

從家兔到野兔

有個兔女郎可能注意到我很嗨，所以在優雅上飲料的時候小聲對我說：「妳要的話我有多的兔耳朵喔！」

有人這時倒抽了一口冷氣，但那人不是我，而是達菲。「嘿，冷靜點。」緊張的反而變成達菲。「妳會不會太超過了啊。」

說真的可能有一點，但我覺得很刺激。我原是隻誤闖森林的小白兔，原本只能在萬聖節晚上臉戴面具，跟小朋友一起沿街要糖果，這會兒卻在花花公子的夜店裡戴著兔耳朵搔首弄姿。我想跳舞，想大喊我不害羞了，我自由了。

這一刻，我腦中湧現的一個念頭是要給達菲辦一場驚喜的生日派對。想辦活動這是我人生第一回，**我真的好了**，眞的可以辦出院了。

那天晚上，一整個晚上，好幾個男士來我們這桌聊天；達菲趁他們去幫我們點飲料的時候撇過頭來說：「欸，不錯喔，妳是眞的害羞還是連我都被妳給呼攏了啊？」我給她使了個眼色，「我是假活潑啦，裝的啦。」其實我沒有，那天以後就再也沒有了。

一試定終生

想想你考過的聯考、托福、國考，乃至於禮儀師、丙級廚師、乙級水泥匠等各種證照。如果這些東西可以考，可以用測試來證明你的能力，那信心爲什麼不行，我連考試科目都想好了：一、莊孝維讓大家注意你；二、幫自己辦一場畢業典禮。

退羞特效藥第85帖：去考害羞學測

乖乖服下所有的特效藥以後，你現在可以出去玩了，想紅的話就趁現在。不要給自己設限，底線只有人身安全。傻就盡量傻，騷就盡量騷，你沒看有自信的人都又傻又騷嗎？

計畫一下，看是同事生日要熱鬧一下，還是請辦公室的男生來家裡一起看超級杯實況轉播。誰知道呢，也許在杯觥交錯或談笑風生中就有你的成功，不知不覺中，你也許就能從聽到派對就害怕到發抖，蛻變成想到派對就興奮到發抖，你會從害怕沒話可以說，變成害怕有話沒得說。你的心跳會放慢，心情會變嗨。

不能一次成功，不用灰心，有些藥本來就得吃兩次，我相信你很快也能從害羞學校畢業，很快也能戴上屬於你的方帽，那可能是副兔耳朵，可能是棒球帽，是毛帽，是頭巾，是皇冠，或什麼都不是；你可以大聲呼喊，也可以很沉得住氣，因爲你自由了，所以你可以選擇，你終於知道別人怎麼想，有沒有聽到都沒有關係，從此你在乎的，要顧好的，只有你內心那個充滿自信的自己，自己，才是你這輩子的唯一。

附錄一：雪柔來信全文

親愛的萊拉：

我這輩子都在跟害羞奮戰，我每天醒著，都覺得自己的節奏跟別人不一樣。我看到同學跟同事那麼樂於跟人聊天，有空就到處串門子或相約遊玩，其實都覺得還蠻不可思議的。我比較喜歡只有一、兩個很好很好的朋友，喜歡跟她們在比較私下的環境裡聊深一點。我傾向於退到幕後，對一個課題深思熟慮以後再發言，我不懂其他人怎麼能隨時隨地都大放厥詞；有些朋友慢慢熟了，會告訴我他們對我的第一印象很差，因為我看起來冷漠、高傲、獨來獨往，要不是後來有機會變熟，甚至變成很好的朋友，他們可能對我的印象會一直差下去。我很聰明，學生時代始終名列前茅，現在生意也做得很好。我真的喜歡跟人打成一片，我只是不太會社交，這算是我的一個缺點嗎？幾年前我開始自我探索，開始了對自身的處境展開思考與研究，我得到的結論是：害羞是一種症狀，是果，而內向是因。內向不是病，甚至是一種優點，但外向崇拜的世界確實把內向看成一種殘疾。為了求取工作上的表現，畢竟我選擇的行業需要非常外向，需要一天到晚跟人講話，我摸索出了幾樣事情，這讓我內向歸內向，但不致於對工作有太大影響。

一、我沒有問題，我沒有病，這工作很多地方需要我的內向，所以我不需要也不應該改變自己。我只需要加強跟同事的互動與溝通。

二、我學會了暫時性的外向來配合工作上的需求。如果預見有討論或衝突需要我短暫地外向一下，我會在心裡或用寫的先演練好，但「外向完」之後我必須另外安排一段時間沉澱來調和心情，這樣我的心情才能恢復平衡。

三、我必須評估客人的狀況，並按照評估的結果來與之互動，客人大多是外向的，我不能期待顧客配合我，而必須由我來迎合顧客，這樣雙方才能有好的溝通。

四、我會把自己放在不得不鍛鍊自己外向性格的處境中，比方說我會志願當專案或企畫的組長來練習與人溝通協調。開會的時候我會強迫自己發表意見，而不會只是呆呆地聽。

五、我會去找方法，去問問看有什麼辦法可以讓我跟外向的朋友一樣樂於閒聊。遇到有需要的時候，我就能用這些方法來成為一個假性外向。而且通常萬事起頭難，只要能聊起來，我就可以把找話題、延續話題的重責丟給跟我聊天的人，對方多半都比我活潑外向。

六、我鼓勵孩子外向，為此我希望他們有時候稍微勉強自己一下。但同時我也要他們多體貼生活中遇到比較內向的孩子，就像他們體貼內向的媽媽一樣。我要他們知道人生不是只有一種選擇，有人選擇動多一點，有人選擇靜多一點，如此而已，無分高低。

謝謝妳寫了這麼多好書，包括害羞的書，身為妳的讀者我獲益良多，也期待妳有更多關於害羞的新作。

雪柔．莫斯崇(Cheryl Mostrom)

附錄二：自知一百問

01 什麼樣的伴侶關係才是你的理想？

02 排隊的時候我最常想什麼？

03 我最自豪的優點有哪些？最自卑的缺點又是哪些？

04 要是中了大樂透，錢我要怎麼用？

05 我上次吵架是跟誰？爲了什麼？對方說得有沒有道理？

06 我喜歡小孩子什麼，不喜歡小孩子什麼？

07 身體外觀上我覺得自己哪裡最好看？哪裡最礙眼？

08 我最有感覺的政治或社會主張是什麼？我最支持的公益活動爲何？

09 尊嚴或榮譽對我來說作何解？我是個有尊嚴、有榮譽感的人嗎？

10 我認知中的神或上帝是誰？或是什麼？

11 對我來說成功的定義是什麼？我成功嗎？

12 父母親對我的影響爲何？兄弟姊妹或其他親戚對我的影響又爲何？

13 如果只剩幾個月可活，我要幹什麼？

14 藝術對這個世界有什麼意義？對我又有什麼意義？

15 每個人多少都會說謊，我同意嗎？我是否覺得每個人都是大說謊家？

16 我最好的朋友是誰？爲什麼？

17 我是早鳥還是夜貓？還是不早不晚剛剛好？我每天什麼時段最有精神？

18 如果能任選一個時代生活，我會怎麼選？理由？

19 何謂忠誠？我忠誠嗎？

20 宇宙的起源爲何？我怎麼看？

21 我覺得自己國家在世界上有什麼樣的影響力？這影響是好還是不好？

22 我評估自己老年後的生活會是如何？

23 我對工業發展與空氣污染有什麼看法？

24 我對工作最滿意的地方是什麼？最不滿意的又是什麼？

25 如果錢不是問題，我會想收集什麼？

26 我覺得死後是什麼情形？
27 我最喜歡的電影、電視節目各是什麼？爲什麼？
28 如果可以搬離目前的城市，換到世界上任何一個城市居住，我會選哪裡？
29 我對地球目前的環境有什麼看法？
30 大多數戀愛失敗的主因是什麼？
31 我是宿命論嗎？人眞的有自由意志嗎？
32 什麼事情會讓我發飆？爲什麼？
33 我認爲電腦未來會發展成什麼模樣？網路呢？
34 什麼樣的人可以領導？我能帶人嗎？
35 我最喜歡的書是哪本？誰寫的？我喜歡的原因是？
36 我喜歡當天龍人還是住鄉下？原因？
37 現在或過去的公眾人物裡，我最佩服誰？
38 日常生活上，親朋好友中我最佩服誰？
39 何謂修養，我算有修養嗎？
40 我最愛的十個網站？理由？
41 我反對動物試驗嗎？如果能增進人類福祉呢？

42 我童年快樂嗎？

43 我覺得人腦的潛力到哪？

44 有人出錢讓我出國去一個地方玩，我想去哪裡？

45 如果能出名，我希望是因爲什麼事情出名？

46 眞正對我來說重要的是什麼？家庭？工作？朋友？還是有別的東西？

47 我喜歡吃啥？不敢吃啥？我會作菜嗎？

48 我最喜歡的歌是？歌手是？樂團是？理由分別爲何？

49 現在這個年紀有什麼好處跟壞處？

50 你覺得網路時代長大的小孩會有什麼不一樣？

51 我對小報或八卦週刊賣那麼好有什麼看法？

52 我希望改變自己什麼？選三樣。

53 我最怕什麼？

54 你贊成婚前同居嗎？理由？

55 我看得出別人說謊嗎？怎麼看得出來？

56 我做事情會拖拖拉拉嗎？我什麼事情會拖？原因是什麼？

57 我對打坐有什麼看法？

58 雙親健全的家庭中，孩子才能健康成長？我同意嗎？
59 若能改變生命中的一件事情，就一件事情，那會是？
60 我有哪些夢想？這些夢想有什麼意義？
61 古代先哲的言論對現代人有用嗎？我怎麼看？
62 我對同學會有什麼看法？
63 我有什麼瓶頸嗎？怎麼突破？
64 音樂在我的生活中扮演什麼角色？
65 我對電視上的暴力與性的態度如何？
66 我喜歡狗還是貓？還是我想養另類一點的動物當寵物？
67 我對婚姻制度有什麼看法？
68 我對自己的婚姻狀態怎麼評價？滿意嗎？有改善空間嗎？
69 我迷信嗎？對什麼東西迷信？怎麼開始的？
70 我第一份工作是什麼？對我有什麼特別的意義嗎？
71 我有特別怕什麼東西嗎？幽閉恐懼？懼高？還是怕黑？
72 地球人口應該稍加限制嗎？
73 我相信有無條件的愛嗎？

74 如果我得跟一樣東西關在一起生活，就一樣東西，我會帶什麼？理由是？

75 我認為人性本善或本惡？為什麼？

76 置入性行銷該不該禁？原因？

77 我最喜歡從事的運動是什麼？最喜歡看的運動又是什麼？我喜歡的點各在哪裡？

78 電視新聞我相信多少？報紙呢？

79 我們應該立法保障國貨，限制進口貨嗎？

80 選舉真的民主？真的公平嗎？理由？

81 我相信熱門的減肥法有用嗎？

82 哪位世界領袖對人類的貢獻最大？

83 我最想學會的外語是？為何？

84 吃肉跟吃素，我各有什麼看法？

85 我怎麼看安樂死？

86 家譜一定要知道嗎？

87 我最喜歡的電視節目是？原因？

88 我最喜歡的話題？

89 我父母快樂嗎？

90 我相信有來生嗎？理由？
91 我對墮胎與生命權的立場是？
92 網路上有眞愛嗎？
93 對現行教育體系的評價高低？理由？
94 我對每位家人的眞心話是？
95 我快樂嗎？理由？
96 我滿意目前的性生活嗎？理由？
97 一般人幾歲退休最好？我自己呢？
98 我出門喜歡坐火車、坐飛機、坐客運，還是自己開車？理由？
99 我最愛的人是爸媽？兄弟姐妹？情人？哪個摯友？還是某個其他人？原因是什麼？
100 我對自己現在的生活評價如何？

一百零一題以後就靠你自己了，一天一題喔，不要忘記。

誌謝

大大的感謝，我想獻給所有的害羞大大，很感謝你們抽出時間來跟我們分享自己的內心世界，我覺得很受用，我相信讀者也會有同感。我希望這本書能對你們有幫助，更希望大家的故事都能有童話般的結局。

國家圖書館出版品預行編目資料

跟任何人都可以聊得來 2：從害羞變聊天王的退羞大全 / 萊拉・朗德絲 (Leil Lowndes) 著；鄭煥昇譯 —— 初版. —— [新北市]：李茲文化, 2014. 11
面；公分
譯自：Goodbye to shy : 85 shybusters that work

ISBN 978-986-90086-5-5（平裝）

1. 害羞

176.526 103017015

跟任何人都可以聊得來 2：從害羞變聊天王的退羞大全

作　　者：萊拉・朗德絲 (Leil Lowndes)
譯　　者：鄭煥昇
責任編輯：莊碧娟
主　　編：陳家仁、莊碧娟
總 編 輯：吳玟琪

出　　版：李茲文化有限公司
電　　話：+(886) 2 86672245
傳　　真：+(886) 2 86672243
E-Mail: contact@leeds-global.com.tw
網　　站：http://www.leeds-global.com.tw/
郵寄地址：23199 新店郵局第 9-53 號信箱
P. O. Box 9-53 Sindian, Taipei County 23199 Taiwan (R. O. C.)

定　　價：340 元
出版日期：2014 年 11 月 1 日 初版
2024 年 6 月 10 日 二十二刷

總 經 銷：創智文化有限公司
地　　址：新北市土城區忠承路 89 號 6 樓
電　　話：(02) 2268-3489
傳　　真：(02) 2269-6560
網　　站：www.booknews.com.tw

Change & Transform

想 改 變 世 界 · 先 改 變 自 己

Change & Transform

想改變世界·先改變自己